公文写作技巧及实战解析

18年老笔头通力之作

张桂林 —— 著

中国友谊出版公司

图书在版编目（CIP）数据

公文写作技巧及实战解析 / 张桂林著 . — 北京：中国友谊出版公司，2021.1

ISBN 978-7-5057-5046-3

Ⅰ . ①公… Ⅱ . ①张… Ⅲ . ①公文 – 写作 Ⅳ . ① C931.46

中国版本图书馆 CIP 数据核字 (2020) 第 219182 号

书名 公文写作技巧及实战解析
作者 张桂林
出版 中国友谊出版公司
发行 中国友谊出版公司
经销 新华书店
印刷 天津中印联印务有限公司
规格 710 × 1000 毫米 16 开
13 印张 182 千字
版次 2021 年 1 月第 1 版
印次 2021 年 1 月第 1 次印刷
书号 ISBN 978-7-5057-5046-3
定价 49.00 元
地址 北京市朝阳区西坝河南里 17 号楼
邮编 100028
电话 （010） 64678009

前言

写作，就是用准确的文字，清晰地表达思想。

有人认为，写作需要天赋，作家生来就是作家，如果你没有天赋，即便后天再努力，那你也不会写作。从古至今，写作就被定义为“脑力活”，所以“写作没办法学”的论断，一度成了大家的共识。其实，“写作没办法学”是一个谎言。因为写作不仅是一项“脑力活”，同时也是一项“技术活”。

只要是“技术”，那就一定有规律和技巧可探索总结，就可以一传十、十传百，被广泛地模仿与学习。所以，写作这项技能是可以通过学习来获得的。

本书就是以笔者10余年的写作经验为基础，对写作中零散的套路与方法，进行了高度的总结、精炼和简化，设计出了一套易于学习、方便模仿的写作模式，帮助大家轻松掌控“笔杆子”，成为写作的“主人”。

写作是项技能，所以笔者将本书定义为工具书，就好比搭建野营帐篷的技术指导手册，对安装的程序、步骤和注意事项等常见问题，都一一进行了明确。只要我们严格按照手册操作，便能轻松快速地搭建起一顶帐篷。

本书就是按照“技术指导手册”的模式设计的，将写作分为会意、破题、构思、搭架、行文、润色几个步骤，从普通写作者的视角，对每个步骤进行了科学设计，尽量将各个步骤模块化、通用化、程序化，方便大家熟记、模仿和借鉴，比如，10种“凤头”式段首语、6种“豹尾”式结尾、4种“猪肚”式写法等等。

全书共分为“公文写作技巧”“常见写作疑难解答”“经典范文实战评析”三个部分，每个部分目标清晰，重点突出，各有侧重，对提升初、中级公文写作者的写作技能，具有较好的“充电”和“补钙”效果。

“公文写作技巧”部分：共5章，侧重于讲解公文写作的实用技巧，比如，写作没有思路怎么办？公文应当如何巧妙构思？如何拟制精美提纲？如何增强材料思想性？等等。

“常见写作疑难解答”部分：共11章，每个章节侧重于解决一个实战难题，帮助大家解决写作中的疑难杂症，比如，如何学会看材料？满脑子精妙想法却无法付诸笔端怎么办？材料不吸引人、没人认可怎么办？写作水平为何难以提升？等等。

“经典范文实战评析”部分：分为7类共9篇范文，侧重于解读和分析常用的体裁范文。9篇范文分别精选自“中央国家机关第二届公文写作技能大赛‘百篇好公文’”“第二十六届中国新闻奖获奖作品”，每一篇都具有代表性与启发性。在范文解析中，笔者坚持用“解剖麻雀”的方法，既注重原原本本、逐字逐句地表层式剖析范文，又注重拓展思维宽度，结合实例深层次地挖掘写作技巧，帮助大家实现“析一文进一丈”的效果。

最后，感谢您选择《公文写作技巧及实战解析》，愿本书的精彩内容帮您打开写作的翅膀，与大家一起描绘事业的美丽“殿堂”。

目录

第一部分　公文写作技巧

第二部分　常见写作疑难解答

第三部分　经典范文实战评析

第一部分

公文写作技巧

公文写作没有思路怎么办

一、从阅读中获取灵感

不论是久经沙场的“笔杆子”，还是懵懂入行的“新朋友”，大家都可能遇到过因缺乏思路而上台无话可说、提笔无事可写的困惑。出现类似“症状”，那一定是写作者思想上“缺氧”、灵魂上“缺钙”导致的。这时候不应急于前行，而应停下脚步，静下心来，为解决困惑吸吸氧、补补钙，调整好状态再出发。

如何解决写作困惑呢？雨果说，人类所需要的是富有启发性的养料。而阅读，正是这种养料。

（一）阅读，就要读好书

什么是好书？不同的人即便阅读同一本书，也会有人视若鸡肋，有人却视若珍宝，这需要因人而异，视人而定。

在同等条件下，我们应当首选作者知名度高、由著名出版社出版的书籍，这样的书在质量上相对有保障。比如，当前市面上流通的公文写作类书籍，可谓琳琅满目、种类繁多，在图书购买平台搜索关键词“公文写作”，就出现了上百个商品。如此之多的工具书，质量良莠不齐是无须质疑的，这就需要我们擦亮眼睛，掌握辨别质量高低的技巧。

机关常流传着这样一句话：“中文系出不了笔杆子，文学院得不了诺贝尔文学奖。”虽然这是一句玩笑话，当不得真，但朴实的语言里往往闪耀着真知灼见，这恰好为我们如何正确选择好书提供了思路。一些所谓的“学者”“专家”所著的公文类工具书，与常年在机关里摸爬滚打成长起来的“老笔头”“笔杆子”们相比，前者在理论研究上或许更胜一筹，但在操作性、实用性上，后者的优势更加突出，他们的书才是机关公文从业者真正需要的“好书”。

（二）阅读，一定要真读书

真读书，就是要进行有益、有用的阅读。那么，什么才是有益、有用的阅读呢？

1. 从文件中找思路

我们在接到写作任务，苦思冥想后没有思路时，不妨认真研究一下上级文件，通常能从中找到突破口。特别是最高政治领袖（比如毛泽东、邓小平、习近平同志）的系列重要讲话，一定要仔细研读、揣摩，他们的每句话都蕴含着丰富寓意与营养，每个词语都可延伸为一篇文章。因此，当我们陷入思维混乱不知如何突围时，领袖讲话也许能带领我们找到突破口。

2. 从历史中找思路

历史就像一台复印机，总是在不断地重复再重复。现在的很多现象都能在历史潮流中寻到轨迹和影子。我们常讲的“以铜为鉴可正衣冠，以古为鉴可知兴衰，以人为鉴可明得失，以史为鉴可知兴替”，就是这个道理。因此，机关里的资深“笔杆子”都非常注重学习历史，几乎人人都是“业余”的历史学家，尤其对我党的发展壮大史更是了如指掌。当我们遇到写作瓶颈时，不妨尝试从历史事件和片段中寻找影子与启发。我们只有对历史如数家珍，进行深入透彻的理解，才能以史为镜，推陈出新，从而启迪思路，找到写作的方向与灵感。

3. 从报刊中找思路

在群众看来，读报是机关人员躲清闲、不作为的表现。其实，读报是机关人员提升思维层次、提高自身修养、坚定信仰立场的重要途径之一。特别是阅读《人民日报》《参考消息》《求是》《红旗文摘》等报刊，对机关人员培养党性觉悟、树立“全心全意为人民服务”的宗旨意识有着净化和升华的功效。作为机关公文写作者，更应每天坚持看报，特别是某些重要报刊的相关评论、理论、政治版块，要逐句研读、消化吸收。如果我们能够做到持之以恒、寸积铢累，便可实现厚积薄发、博观约取，轻松找到写作的突破口和思路。

（三）阅读，必须要会读书

当今网上不缺读书的人。之前，笔者看到有人在网上宣称自己每月能读完几十本书，这个读书速度与数量确实是非常人所能及，但能读书不等于会读书。我们暂且不论如此高速读书的质量如何，就公文写作者而言，笔者并不提倡如此读书。现实生活中，能读书与会读书是有质的区别的，特别是在有特定需求的行业，会读书比能读书要重要得多。

那么，作为公文写作者，如何阅读才算会读书呢？

1. 要端正心态

为读书而读书，只是自欺欺人的把戏，这种做给别人看的形式主义是要不得的。公文写作是有行业素质要求的，写作者应自觉端正态度，把读书作为一种习惯与修行来培养。每一位“老笔头”都经受过“衣带渐宽终不悔”的考验，战胜过“山重水复疑无路”的困惑，最终才拥有厚积薄发的收放自如。初涉材料的写作者，更应以师为鉴，自觉端正读书心态，这对激发写作者迸发思想火花至关重要。

2. 要日积跬步

不积跬步，无以至千里。机关“老笔头”没有无缘无故的下笔有神、思如涌泉，他们在公文写作上驾轻就熟都是日积跬步的结果。初涉公文写作行业的“新战士”对公文写作常常感到有心无力，根本原因就是不会读书，不喜欢做读书笔记，没有汲取“好记性不如烂笔头”的教训。久经沙场的“笔杆子”，几乎都有一个私密资料库，这些资料库收集整理了“笔杆子”多年来的读书体会与心得，以及读书摘录的名言、“金句”，这让他们很少遇到才枯思竭的尴尬，这也是他们与写作新人的最大差别。因此，养成做读书笔记的习惯是迈向“笔杆子”行列的第一步。

3. 要用心读书

用心读书就是要融入书中，做到人在书外，悟在字间。通俗地讲，就是要边读书边思考，边实践边思考，当一个有心人。用心，就要在读书时做到真读、真思、真领悟，不仅要做到自觉切换身份，以作者身份换位思考，从作者角度出发，摸清文章谋篇布局、选材立意、构思搭架的脉络，掌握文章表现手法、修饰艺术、层次展开的技巧，而且要多问自己几个为什么：“为什么作者会如此写？”“为什么我达不到这个层次？差距在哪里？”经过长期的自我训练，逐渐养成会读书的好习惯，最终便能达到“笔杆子”厚积薄发的至高境界！

二、从调研中见微知著

1961 年 5 月，周总理到河北省武安县伯延公社蹲点调研。在当年 6 月份的中央工作会议上，周总理沉痛描述伯延调研情况：“除了树叶、咸菜、野菜以外，就没有东西了，硬是没有存粮。”一个“硬”字，把周总理务实、扎实、严实的调研作风体现得淋漓尽致，生动朴实的文字令人信服，同时向公文写作者深刻阐述了“没有调查就没有发言权”的写作真谛。

有一定写作基础的同志都知道，写作思路实质就是对日常工作思路和经验的梳理总结，它的形成与发展构成了一个“闭合回路”：思路（经验）→文件→实践→思路（经验）。

如何理解这个“闭合回路”呢？简单地讲，就是领导（组织）把集体研究的战略“思路（经验）”，经过具有法律效应的“文字材料（文件）”，反映给群众（社会），指导群众（社会）“生产（实践）”，领导（组织）再从群众（社会）的“生产（实践）”的矛盾中研究制定新的战略“思路（经验）”，前后形成一个“闭合回路”。

由此得出结论：解决写作思路的问题，实质就是解决生产（实践）中具体矛盾的问题，也就是搞好调查研究的问题。

那么，公文写作者如何搞好调研，并从调研中获取写作思路或灵感呢？

（一）善于倾听，从群众反映的问题中找思路

调研，首要是端正姿态，放得下“架子”，具备主动与群众拉家常、与有“怨气”的群众交心的高度自觉，习惯听“粗话”，喜欢听“怨言”，善于从群众的“闲言碎语”中辨别真相，找出问题症结，从而寻得写作思路。

周总理在伯延调研时，经常组织农民围坐在一起搞座谈。周总理同群众一起，盘腿坐在石板上，始终态度真诚，言语谦和。大家都觉得周总理把大家当作朋友，没有领导架子，心里时刻装的都是群众，周总理很快便获得大家的信任。开始大家都有顾忌，不敢讲、不敢说，只有农民张二廷第一个大胆说出了“食堂不好，食堂吃不饱”的真心话，更是爆出了“再这样糊弄下去，过两年连总理也会没吃的”这样“辣味”十足的话。伯延群众一番掏心窝子的话，让周总理认识到“只有他把我们看作自己人时，才会说这样的话”的群众观点，这一观点为周总理在后期中央工作会议上的发言提供了宝贵的思路。

从周总理在伯延的调研经历中，我们可以看到：真正鲜活的写作思路，绝不会藏在办公室的文件或数据里，而是存在于群众的“心结”与“怨气”里；群众反映的矛盾问题，就是写作灵感取之不尽、用之不竭的清凉“甘泉”。

（二）善于抓小，从细枝末节中找思路

写作中突然没有思路，很多时候是因为我们缺乏一双“慧眼”，发现不了身边小事中隐藏的矛盾和“引信”。所以，如果我们注意观察，掌握了发现日常工作“痛点”的方法，就能激发头脑风暴，寻得写作灵感。

在部队里曾经发生过这样一件小事：某旅因为六块钱特意召开专题常委会，并制定出台一项新规定。这件小事很快被一位嗅觉敏感的军报记者捕捉到，并决定前往调研，一探究竟。这件事情确实非常小，缘起为：该单位放映员送打印机到维修店修理时，因维护时间比较长，单位又着急要用，所以就自费六块

钱打车回单位。但是，单位有规定，“因公外出应申请公车”，所以该战士打车费用不能报销只能自理。虽然六块钱不是什么大事，可跑腿干活还倒贴钱的事，让这位同志心里很不舒服。这事恰好被该单位政委得知，并因此召开专题常委会，研究出台了《公杂费管理实施办法》。

记者得知事件的来龙去脉后，并没有因为事小而就此打住，而是怀着好奇心，深入连队继续调查，顺藤摸瓜发现了更多类似“小事”的线索。记者在摸清情况的同时，获得灵感写下了《六块钱的事上了常委会》的通讯稿，这篇稿件不仅在《解放军报》得到刊发，而且获得年度军队新闻一等奖。

这一事例启示我们：思路与灵感就像夜空的流星一般稍纵即逝，如果我们平常对身边的人和事缺乏敏感性与识别力，不注重观察和研究生活中的“小事”，就抓拍不到流星划过天空时的美景。所以，当我们缺乏写作思路时，不妨多多关注身边“小事”，通过“抓小、抓早”来挖掘创作思路。

（三）善于思考，从普遍现象中找思路

获取写作思路的过程，往往是一个解剖矛盾、揭露真相的过程。真相隐藏在表象之下，只有阅历经验丰富、具备逆向思维的人，才能看透表象，寻得真金。

曾经一位老领导告诉笔者，考察一个单位是否有作为，有经验的领导不会听汇报、查资料、看现场，只需绕着单位走一圈，看看卫生是否干净，相关氛围是否浓厚，员工精神是否饱满，人员着装是否统一，基础设施是否完善，楼房门窗是否完好……就能从一些看似正常平常的现象中，了解该单位全面建设情况。这些现象的背后隐藏着该单位日常管理的真相，通过这些表面现象，间接为单位领导的党性意识、责任意识、担当意识、主人翁意识，以及工作作风、生活作风、工作能力画了一个全方位的“素描”。

因此，写材料没有思路，根本原因不是缺少东西可写，很多时候是因为我们缺乏一种思维习惯，缺乏像领导一样见微知著、一叶知秋的思维习惯。

从普遍现象中寻得思路，这是一种难能可贵的思考能力。这种能力需要我们从具体材料中跳出来，站在全局的高度观察分析问题，把感性素材上升到理

性高度加以认识提炼，把零散的认识系统化，把粗浅的认识深刻化，从而提出新观点，理出新思路。那么，我们在写作之时将不再面临无话可写、落笔困难的尴尬。

三、从细微中捕捉火花

记，是公文写作者积累素材的一种好办法，也是公文写作者缺乏思路灵感时的“救命稻草”。公文写作者，应当“会记、巧记、善记”。

（一）会记领导讲话

记领导讲话，包括两方面：一是记上级领导讲话，重点记新理论、新思想、新提法、新观点、新导向；二是记本级领导讲话，重点记领导在讲话或日常交流中不经意提到的新词语、新想法、新措施。当写作思维“短路”时，经常翻翻这些被记下来的只言片语，就能启发我们的写作灵感！

笔者曾随领导参加某单位党委民主生活会，领导在最后讲评班子时，就“如何加强党委班子团结”即兴谈了几点看法，笔者随手将讲话要点记录了下来。有一天，领导突然提出要上一堂“关于加强党委班子团结”的党课。笔者领受任务后，立马翻出当初记下来的要点，以此为思路，结合实情提炼了 10 个标题，形成提纲后呈送领导。那次的材料主题与领导的设想不谋而合，提纲很快就定稿了，从此笔者更加受到领导认可和信赖。

（二）巧记群众“怨气”

习近平同志指出：“群众拥护不拥护是我们检验工作的重要标准。党中央制定的政策好不好，要看乡亲们是哭还是笑。要是笑，就说明政策好。要是有人哭，我们就要注意，需要改正的就要改正，需要完善的就要完善。”写作者一定要从材料和利益中跳出来，客观看待群众的“怨气”。群众脸上的怒气、嘴里的骂声，往往隐藏着群众的真知灼见、美好愿望。只有善于倾听群众“怨气”，留意群众“骂点”，记下群众“骂声”，才能知晓群众内心的真实需求。

这种需求是我们工作的改进方向，也是写作思路的突破口。

群众的“怨气”往往隐藏着我们创作的灵感思路。巧记群众“骂声”，从怨言中学会反思，是写得者获取写作灵感的不竭源泉。

（三）善记瞬间细节

细节之所以能决定成败，因为细节在一定程度上接近真相。只要抓住细节，就意味着抓住了真相的“尾巴”。如果写作者能养成记录细节、分析细节的好习惯，往往就能获得“山重水复疑无路，柳暗花明又一村”的效果。

董明珠在新加坡做演讲时曾讲到一个故事。她任副总时，公司员工经常罢工。总经理决定设置一些信箱，收集员工意见。但细心的董明珠发现，这些设在厂长办公室、厂门口的信箱从未有人靠近过，信箱形同虚设。究其原因是总经理忽视了把信箱设在厂长办公室门口，员工不敢去投诉；设在厂区门口，人流量太大，员工不便于投诉等细节。董明珠却把这些细节牢记在心。在她上任之后，便把总经理信箱设在厕所、鲜少有人去的墙角、厂区浓密的树林里。自从在这些地方设立信箱后，一天甚至能收到 700 多封信件，董明珠也因此掌握了公司很多不易暴露的问题。

董明珠注重观察细节，善于从细节中分析查找问题症结，为改变企业困境找到了解决思路，为格力做大做强、走出国门打下了坚实基础。

对公文写作者而言，机会都是公平均等的，只有“有心人”才能与机会撞个满怀。公文写作缺乏思路，不是起点太低，而是缺少细致入微的眼力与智慧。

四、从思考中走出迷雾

所谓思考，就是理清头绪、找出规律、形成逻辑的一个过程。公文写作时没有思路，是因为在下笔前缺乏充分的思考。因此，我们往往会出现四个“不知”：一是不知如何理顺事件内因关系；二是不知如何找出事物的共性特点与规律；三是不知如何转换视角从而寻找破题切口；四是不知如何形成严而有序的逻辑思维。

破解“不知”难题，重点在于学会如何思考，并从思考中寻找到落笔思路。

（一）跳出材料，站在大局来思考

关于如何跳出眼界局限，国外实验室做过一个测试。工作人员将测试者带进一间封闭实验室内，让他们快速环顾室内一周，并且记住有多少件物品是红色的。测试者看完以后，被要求闭上眼睛，说出屋子里有多少件绿色物品。测试结果中，很少有人能记得屋子里还有绿色物品存在。为什么呢？因为他们的注意力被诱导集中在红色的物品上，使得对其他颜色视而不见。

这个实验告诉我们，人类思维常常会受外界因素干扰，当我们被潜意识操控后，会不由自主地将注意力放在某个特定信号上，从而忽略真实意图或重点。

我们写作没有思路，多半也是陷入了同样的思想泥沼，注意力往往被局限在日常具体任务、常规性思维以及领导的具体要求上。此时，自我迷茫会导致我们感到“无话可写”“无从下手”。

跳出材料看全局，是解决写作无思路的有效办法之一。看全局，应从三个方面出发。

1. 看共性

找共性的过程，也是一个归纳提炼的过程，更是一个理清思路的过程。当我们写作找不到思路时，可以尝试把主题涉及的所有事件、素材集中汇总，以列表格的方式，对汇总材料进行归纳总结，提炼出共性特征，找出潜在规律，最终形成观点。这些观点，也就是下笔时的思路。

2. 看重点

找重点，其实就是“过筛子”。把一个阶段、一个年度的工作，按照经常性、专项性、阶段性、临时性、年度性、规划性等特征进行分类，从中找出哪些是上级重视的，哪些是领导经常提及的，哪些是展示单位特色的，哪些是成绩显著的，等等，从而区分重点工作与一般性工作。我们筛选重点工作的过程，就是对材料构思的过程，它能帮助我们轻松获得写作思路与观点。

3. 看特性

分析事件，既要找共性，又要找特性。美国哈佛大学心理学教授德•波诺曾经做过一个实验，对写作缺乏思路非常有帮助。德•波诺要求学生在三分钟内找出公共汽车取消所有座位的利弊，目的就是培养学生纵观全局的能力。结果，有的学生列出了八九条意见，有的甚至列出十几条优点（包括某些并不那么明显的优点，比如，汽车将会更便宜和更容易维修等），同时至少列出了两至三条缺点（比如，下班很累却没办法坐下来休息等）。

学生们找优缺点的过程，就是找事物特性的过程。写材料没有思路时，不妨针对某项主题找特点、亮点、闪光点，全面分析利弊、优长，找出与其他日常工作或现象的异同，从而启迪写作方向与思路。

（二）拉出清单，立足问题来思考

公文的最终目的是解决问题。因此，拉出问题清单，从中寻找写作思路，是很多“笔杆子”的常用方法。

拉问题清单，需要把握以下几个原则。

1. 群众原则

群众是政策与制度最直接的执行者和受众。群众反映的现象与观点，往往最接近事实与真相。因此，当我们着手一个材料时，先不要急于下笔，应先到群众中做针对性调研，从群众反馈的问题清单中，寻求材料下笔的突破口，这样的材料往往最能符合领导意图与群众心意。

2. 领导原则

领导是一个单位或一项活动的引领者。领导提出的问题，应当是我们首要解决的问题，也是公文写作者的着墨重点与思路源头。因此，写作者要当好“有心人”，在日常工作中注重收集领导意见与指示，关键时刻从领导集中反映的问题与观点中明确材料的方向与定位，从而确定写作思路的展开方向。

3. 制度原则

我们常说“发现问题是水平，解决问题是能力”，现实是我们缺少这种水平，这该怎么办？其实，我们发现不了问题，不是智商的问题，而是缺乏参照物。没有准确的标准做参考，怎能轻易发现问题呢？我们之所以迷茫，就是因为不知从哪里找到正确的参照物。制度，是大家共同遵守的办事规程与行动准则。判断事件的对与错、好与坏，就应当以制度为参照标准。如此一来，查找问题就顺理成章，形成写作思路也就水到渠成。

（三）明确目的，用逻辑树来思考

当前，思维导图在网络上非常流行，很多人都在学习并利用这一工具。思维导图是一种将放射性思考具体化的方法。我们知道，放射性思考是人类大脑的自然思考方式，每一个信息进入大脑，都可以成为一个思考中心，并由此中心向外发散出成千上万的关节点，每一个关节点代表与中心主题的一个联结，而每一个联结又可以成为另一个中心主题，再向外发散出成千上万的关节点，呈现出放射性立体结构。

思维导图一说，在公文写作之初，已成为机关“老笔头”的一种常用写作方法了，只不过大家更喜欢称之为“逻辑树”，即以材料主题为树根，以提纲为树干，以发现问题、分析问题、解决问题为枝叶。整个逻辑树，就是我们写作的思路与文章的骨架，树越枝繁叶茂，逻辑思维就越精细、越有条理。

那么，建立逻辑树应把握什么原则呢？

1. 注重简短精练

公文以简为美。我们建立逻辑树时，常常会遵循查找问题、分析问题、解决问题的逻辑思路展开。无论是查找还是分析问题，我们都应注重简短精练的原则，不要事无巨细，更不能画蛇添足；要紧紧围绕大局、制度和要求展开，尽量一条线通到底，一条道走到头。

2. 注重解决问题

逻辑树要紧紧围绕主题中心展开，以解决问题作为根本任务与出发点。比如，写一篇推介会的材料，就要注重从需求方推广商品的优势、特点、性能、功用，以及政策环境、政治优势、扶持力度、适用范围等。只要紧紧围绕解决问题这一主线，就能理出写作方向与思路。

3. 注重务实严谨

建立逻辑树虽然是纸上功夫，很多思路来源于遐想，但这些遐想是一种发散性思维，绝不是脱离实际的空想。逻辑树的每一个枝叶，都要紧密结合实例与现象，并且环环相扣，前后衔接严密。只有坚持务实严谨原则，整个逻辑树才有真实性与实用性，否则，按照逻辑树写出来的文章，必将是一篇空洞无物的朽文。

公文写作如何巧妙构思

一、把握需求

构思就像手工串手链，把一颗颗小珍珠经过有序排列和组合，用丝线规则地串联起来，便成了精美的饰品。手链制作的工艺过程，像极了文章构思的过程。手链上的每颗珍珠，代表的是现实中一项项零散的任务或一个个零星的观点；手链上的丝线，代表的是串联任务与观点的文章主线。丝线串珍珠的过程，就是材料完整的构思过程。

公文写作，就像一道道命题作文，最终需要“考官”来考核打分。同时，公文写作也像一件件商品，商品销量不仅取决于商品质量本身，还取决于受众的认可度。因此，公文写作成功与否，最终取决于第三方的选择权。也就是说，只有准确把握第三方需求，才能把得住公文写作的方向盘，从而避免盲目构思、跑偏主题。

我们该如何摸清第三方需求，构思一篇高水准的文字材料呢?

（一）从任务上把握需求

任务是决定材料写作方向的重要因素之一。公文构思需要从任务类型、目标、性质、特点、权重、效果上权衡把握，才能确保构思方向不偏离。这里以任务性质、权重、效果三方面为例，投石问路，抛砖引玉，帮助大家掌握从任务层面挖掘公文构思的思路与技巧。

1. 从任务性质上把握

要搞清楚任务是什么类型的活动，从而确定材料的构思方向。材料究竟是写成工作总结、调查报告、讲话稿，还是写成简报、纪要、计划？这些都需要根据任务的类型来确定。如果该任务是试点任务，材料就要写成经验类的汇报材料；如果是专项活动，那么在活动初期就要写成方案、计划和部署讲话类材料，活动结束时就要写成总结类材料，活动过程中也许还需要写简报类材料，甚至是新闻的消息、通讯、评论等稿件。所以，不同类型的材料，往往构思角度和方法也各有不同。

2. 从任务权重上把握

要从全局上把握任务的质量与重量，从而确定构思材料的侧重点与方向。比如，构思年终总结材料：第一步，需要把全年大大小小的任务按时间顺序列清单，为全面把握任务的权重提供完整素材；第二步，对年度工作清单按权重进行分类，确定哪些工作是上级统一部署的，哪些工作是单位领导常提起的，哪些工作是战略性任务，哪些工作是一般性任务，哪些工作是专项任务，哪些工作是阶段性任务，哪些工作最能突出特点与业绩，哪些工作最能展现单位特性与风貌……只有准确把握任务的权重，才能确定构思材料的着力点与方向。

3. 从任务成效上把握

公文按成效分类，通常分为三类：一类是报告做法、困难与需求；另一类是总结经验和成果；再一类是宣扬先进事例和做法。以撰写“不忘初心，牢记使命”主题教育阶段性汇报材料为例，在构思时就应当从主题教育阶段性的成效层面来考虑。比如，在这一活动中，单位取得了哪些突出成绩？有什么先进经验值得推广？有什么打破常规的创新性做法？有什么典型人物值得宣传学习？还存在哪些困难需要解决？如果我们带着这些“问号”来构思，那么材料的针对性就很强，在质量上也会更上一层楼。

（二）根据领导，把握需求

材料能否过关，最终得领导说了算。这一特性决定了构思公文材料时务必要考虑到领导的意图、身份，以及性格特点等因素。所以，在构思材料时，唯有把领导摆在核心位置，才能准确把握领导所思、所想、所需，我们构思时才能对门对路，才能快速定稿。

1. 充分领会领导意图

写作之前究竟是先拉提纲再与领导交流，还是先与领导交流再拉提纲呢？机关有经验的“老笔头”认为，与领导交流和列提纲不分先后，关键在于准确领会领导意图，确定写作主题方向。如何准确领会领导意图呢？

如果写作者琢磨不透领导意图时，要么是写作者还不具备独立构思能力，要么是因信息不对称，拿捏不准领导意图。出现这些情况，最好的办法就是全面收集与任务相关的信息，认真研究文件精神，按自己的知识结构和认知框架，对任务进行剖析研究，然后积极与领导沟通，在重复多次的交流中，逐渐领会领导意图。

如果写作者不能完整领会领导意图时，表明写作者具备一定写作经验，能够提出自己的独到见解，但因举一反三能力不足，最终还是需要领导点拨才能敲定写作方向。出现这种现象，最好的办法是分为三步骤：第一步，与同事和相关部门交流信息，确保掌握第一手数据、案例等素材；第二步，提炼写作提纲与主题方向，方便与领导交流时，向领导提出思路；第三步，主动与领导碰头，汇报写作构思与想法，请领导指导完善，进一步领会领导意图，完善和补充写作提纲。

2. 把握领导职能职权

“屁股决定脑袋。”作为公文写作者，不能把这句话当作讽刺或戏言，而应把它放在官场法则的高度来理解。

领导是什么级别？在单位处于什么位置？具体职能是什么？职权范围有哪些？该级别领导需要具备哪些素养？等等。这些因素很大程度上决定了材料构思的方向与准确性。作为公文写作者，充分考虑领导的职能职权是非常有必要的。只有把自己的视角放到领导的位置上，把这些因素考虑周全，写出来的公文才能符合领导身份地位，不至于做无用功。

比如，某单位有三位副职，因其职能不一样，分管领域不一样，那么我们在构思材料时，就要根据三位领导的职能职权的区别，构思出符合不同领导身份的材料。特别是综合办公室的同志，服务对象复杂，更需要在构思时准确把握。

3. 了解领导的特点和爱好

从一定程度上理解，文字材料就是一个单位或领导的“脸面”，关乎着单位或领导的形象。所以，我们在构思材料时，应充分考虑领导的性格、习惯、爱好及语言特点，根据领导的需求来“量体裁衣”。只有构思完全符合领导身份和地位，讲领导该讲的话，用领导的语言习惯来表达意图，确保材料中的一字一句充分体现领导的特点，才能维护好领导在公众场合的形象。

比如，有的领导作风干练，不喜欢拖泥带水，材料就尽量写得铿锵有力些；有的领导好风雅，材料就应多多引经据典；有的领导讲话抑扬顿挫，材料就要注意对偶、押韵，多采用“平仄句”“四六句”……写作者准确把握领导的脾性，是减少材料回炉返工的前提，更是确保材料的构思和下笔方向不偏的关键。

（三）从对象上把握需求

所谓公文的对象，就是听、阅材料的人。通俗地讲，材料写给谁听、给谁看，材料就要“长得”跟谁一样。公文通常分为上行文、下行文和平行文，不同对象决定了公文不同的“模样”。

1. 面向上级

公文的对象是领导或上级机关，在构思材料时，就要尽量多方位、多角度、多层面、多维度地进行考虑，既要站在上级机关层面战略性地思考，也要立足单位实际战术性地思考，还要站在领导角度进行换位思考。

比如，某县委书记在向市委述职时，构思材料时主要围绕“履职期间的工作特色和亮点、存在主要问题及原因、下一步工作思路和主要措施”三个层面进行准备。从上级机关层面考虑，在材料结构上要力求精练简洁，在行文上要尽量用事例与数据说话，在文风上要避免讲大道理、说空话和套话，避免材料长篇累牍引发上级反感；从领导自身出发，在内容上要涵盖党性觉悟、政治立场、工作思路、创新做法、责任担当、廉政作风等各方面，尽量展现领导卓越的创新能力与纯洁的党性修养。

类似这样的述职材料，全文千余字即可，不宜过长也不宜过短。因此，在构思时就要准确把握上级的对象特征，明确下发的文件有哪些具体要求，才能确保材料全面系统、重点突出、特色鲜明，符合上级“口味”。

2. 面向同级

这是一种对等的关系，行文时既要遵循机关公文相关规定和格式，又要体现个人谦虚、低调、谨慎和尊重，还要充分考虑对象的特点特征，以便做到与对象身份相符。

某市委宣传部部长在撰写参加“传承华夏文明，筑牢精神家园”中华经典诵读大赛开幕式的讲话材料时，因参加开幕式的主要人群是院校教授、学校老师和学生，所以写作者充分考虑到了参会人群身份的特殊性。在构思讲话材料时，字里行间充满了浓烈的文学与儒雅气息，对参会人群传递出充分的尊重，这也是作者谦虚谨慎的表现。

3. 面向下级

与对象之间构成了上下级的行政隶属关系，在行文格式和语气上既要与写作者身份相符，又要考虑对象的学历层次、年龄阶段、工作属性等因素，让受众对材料内容看得懂、听得进、感兴趣、有回应，这样的公文材料才具有价值与意义。

在抗日战争和解放战争时期，我军政治工作者考虑到当时很多普通群众没有接受过教育，甚至不识字，因此所有的宣传标语都非常接地气，尽最大可能地采用大白话、土话和口语，比如“打土豪分土地”“哪个要复辟资本主义，我们打倒哪个”等等，这些标语口号简单直白，乡土气息特别浓烈，即便当时不识一字的人也能一听就懂。虽然这些标语口号算不得有文采，但都是广大人民群众愿意听而且听得懂的实在话。正因如此，这些宣传标语像春风细雨般“随风潜入夜，润物细无声”，一夜之间便浸润了广大贫苦群众干涸的心田，迅速点燃了红色革命的蓬勃斗志和力量。

这些经典的宣传案例启迪我们，材料能否实现组织意图，很大程度就在于写作者对材料的构思与受众的贴合度是否一致。

二、确定主题

很多人喜欢把写作生动地比喻为盖房子，在开始动笔之前，最重要的是搞清楚房子建什么风格，是现代前卫风格、现代简约风格，还是地中海风格、欧美乡村风格、田园风格……确定建筑风格，其实就是确定文章主题，就是明确文章准备写什么，围绕什么来写，准备解决什么核心问题。

如何确定文章主题呢？初习写作者可从三个方面尝试把握。

（一）从领导指示中确定主题

由于领导的指示站位较为高远，手中的“指挥棒”往往指向的是全局，指示中很少明确具体的“站立点”，写作者要一把抓住领导意图的核心，就要听得懂领导的“话中话”，举一反三地领悟领导的内心意图。

比如，某领导要求讲一讲党的建设问题。大家都知道，党建这个问题范围非常宽泛，包含内容也非常繁多，那么，领导指示的出发点在哪里？意图或目的是什么？受众是领导干部，还是全体党员？这些问题必须要落实，否则就把不准领导“脉搏”，材料的主题就不会符合领导意图。

所以，相关人员接到任务后，就紧紧围绕领导意图展开构思。他们把近期上级文件经常强调的、领导近期经常提及的、下级近期反映突出的关键词进行了整理，发现“企业党建”一词文件强调、领导提得最多，最终他们确定以“建设活力和谐企业，提升企业党建质效”作为主题，与领导设想不谋而合，材料很快得以定稿。

（二）从问题清单中确定主题

公文的根本作用是什么？当然是解决问题，如果不能解决问题，那么公文就是废纸一堆。确定文章主题，就是从普遍现象中筛选出核心矛盾，立起问题靶子，瞄准问题靶心，实施精准射击。

如何立起问题靶子呢？具体方法就是，围绕任务罗列问题清单，然后从问题清单中区分哪些是常见问题，哪些是偶发问题；哪些是普遍现象，哪些是深层矛盾；哪些是根本问题，哪些是表面现象；哪些是主要矛盾，哪些是次要矛盾……将问题中的“枝叶”“边角料”全部砍掉，留下问题“主干”，这就是构思时常用的问题排除法。留下的这些问题“主干”，便是普遍现象中的核心矛盾，也是确定主题时的重要素材参考和提炼方向。

比如，办公室在起草“网络意识形态形势与发展对党员队伍建设的影响”的讲话材料时，为避免主题过于宽泛，难以聚集靶心，于是采用“筛筛子”的办法。通过分析舆情现象、网络热词、舆论热点和平台热搜榜，列出舆情清单，然后结合领导意图，排除舆情清单中的“枝叶”，留下问题热点、矛盾焦点与潜在风险，从而确定以“痛打‘落水狗’，为红色基因上色”为材料主题，深刻揭露了“键盘侠”诋毁革命英烈的战略阴谋与险恶用心，以及党员干部意识形态遭遇颠覆的风险，实现了“以小见大”“一叶知秋”的效果和目的。

（三）从主次观点中确定主题

我们在写作过程中，常常会遇到思路断链、内容重复、观点矛盾等问题。出现这些问题的根本原因在于，构思材料主题时，没有将主题与主次观点间的逻辑捋清楚，也没有细致考虑到主要观点之间、次要观点之间、主次观点之间是否重复、矛盾，从而导致主题混乱，写作进行不下去。

一篇文章通常只有一个主题，但主题下可能涉及多个观点，这些观点可能还包括多个子观点。在构思材料主题时，要掌握主题统领观点的方法，就好比下面千条线上面一根针，这根“针”就是文章的主题，这些“线”就是文章的观点。

如何将“千条线”穿过“一根针”呢？其实这里面隐藏着一种独特的写作方法——“观点倒推法”。当我们敲定不了材料的主题，也就是确定不了材料的中心，但又希望把某些有特色的工作和成绩体现在材料里时，“观点倒推法”就能派上用场了。具体方法是：第一步，从具体工作中提炼观点；第二步，将这些观点按工作性质或类别分类，比如按经济、党建、管理、安全等分类，各类别之间务必按一定逻辑排列，通常是并列、递进关系；第三步，在各观点的基础上，倒推出文章的中心，也就是文章主题。

比如，一篇《全面形成合力，建设活力社区》的文章，确定“全面形成合力，建设活力社区”这个主题，是因为文章的“一、领导推动；二、典型带动；三、宣传助动；四、业主行动”四个子观点之间保持着非常清晰的并列关系，分别代表了四个不同层面，很容易让人想到“合力”这个词；并且，由于四个层面涵盖的范围广，自然而然就想到了“全面”，因此由子观点顺利地倒推出了“全面形成合力，建设活力社区”这个主题。

三、精心设计

构思框架，就是为文章搭建骨架，搞清楚文章写什么内容、按什么顺序来写、主要观点与次要观点之间以什么逻辑关系并存相处，等等。这就好比画一幅素描画，首先要进行形体结构分析，由内到外分析形体特征；其次要确定画面构图，使画面主次关系明确，保持画面均衡稳定；最后要做好形体塑造，使画面中的物体相互间和谐协调，避免喧宾夺主、画面失调，这些细节都需要在构思环节来解决。那么，如何像构思素描画一样构思文章框架呢？

（一）确定主框架

确定主框架，也就是确定文章主题和主观点。一篇文章只有一个主题，它就像一面旗帜，其他主观点必须围绕主题来展开。主题和主观点需要相互协作才能构成稳定骨架，撑起整篇文章。

如何确定文章主题？这方面的内容已在前文介绍过，这里便不再赘述。如何确定文章主观点呢？这就好比一道证明题，主题就像论点，主观点就像论据，主观点要紧紧围绕主题的关键词来展开，以强而有力的论据来证明主题的主张。

确定主观点时，注意做到三个“避免”：一是避免思路老套，别人讲过的不写，别人提过的不写，别人会的不写，别人知道的不写，尽量做到新颖吸睛；二是避免自立门户，主观点与主题之间要保持紧密的联系；三是避免交叉重复，主观点与主观点之间保持清晰逻辑，相互间不能意思重复，更不能前后矛盾，脱离主题框架。

【例 1】

提高干部骨干理论学习质量

一、领导“领学”，着力提升干部骨干学习自觉性

二、制度“促学”，着力提升干部骨干学习主动性

三、考核“督学”，着力提升干部骨干学习实效性

【评析】

该例的主题是“提高干部骨干理论学习质量”，关键词包括“干部骨干”“理论学习”“质量”。主观点就是论据，主要从“领导”“制度”“考核”三个维度来论证主题，而且三个主观点紧紧围绕主题的三个关键词展开，前后保持着密切的关系。主观点之间保持着很清晰的并列关系，没有出现交叉、重复、矛盾的现象，“领学”“促学”“督学”三学，高度凝练，富于创新，带给读者眼前一亮之感。

（二）确定小框架

很少有文章是一段通到底的，大多数文章常根据逻辑关系分成几个部分，便于读者阅读和理解。其中每个部分都是一个独立王国，都有自己的国王与大臣。国王与大臣之间的关系，就是文章主观点与子观点之间的关系。这就好比房间配电箱里的总开关与各房间照明开关的关系，各房间灯亮与不亮，虽与各房间开关有直接关系，但最终都服从于配电箱总开关。

确定子观点，要牢记三个“必须”：一是必须要踏实务实，把子观点落在实实在在的具体工作上；二是必须有服从意识，子观点既要服从于上一级主观点，也要服从于文章的主题；三是必须要纵观全篇，处理好不同观点下子观点之间的关系，避免前后观点重复矛盾。

【例 2】

运用“学悟讲用”为学研理论提质增效

一、灵活创新“学”，关键在于学有成效

一是区别层次分组学

二是制度推动扎实学

三是活用平台创新学

二、结合实践“悟”，关键在于悟透真相

一是围绕主题边学边悟

二是深入一线边干边悟

三是突破禁锢边思边悟

二、析事明理“讲”，关键在于讲理正向

……

四、融会贯通“用”，关键在于用智辅谋

……

【评析】

四个主观点就好比四个楼层，每个主观点中的关键字（“学”“悟”“讲”“用”）便是每层楼里配电箱的“总开关”，每个主观点下的子观点便是房间里的照明“开关”，这些子观点既围绕各自主观点来展开，又依赖主观点来生存。以第二部分“结合实践‘悟’，关键在于悟透真相”为例，如果没有关键词“悟”统领全局，所属子观点便没有了清晰的“目标”和“中心”，就会变成一盘散沙，各自为政，自说自话。因此，确定小框架务必要牢记三个“必须”，才能围绕中心，捋清逻辑，重塑生命力。

（三）确定逻辑关系

什么是文章逻辑？简单地讲，就是文章各部分内容之间的内在关系。这种关系并不复杂，常用的逻辑有三种：

1. 并列式逻辑关系

并列是指主观点下的子观点之间互为“兄弟”关系，每个子观点都是独立个体，都是自立门户。就好比小区的居民楼，楼与楼之间相互独立，虽互为个体、互不干涉，却又属同一物业管理。

【例 3】

强化组织功能，着力提升“四力”

一、提升科学决策力，统筹谋划“一盘棋”

二、提升指导帮带力，建强支部“一班人”

三、提升贯彻执行力，聚力拧成“一根绳”

四、提升党员向心力，烧旺激情“一团火”

【评析】

四个“力”，四个视角，四个维度。“四力”犹如四条平行轨道，相互并列，虽互不侵犯、互不交叉，但前往的“目的地”是一致的，都在齐心协力为“强化组织功能”服务。

2. 递进式逻辑关系

递进式逻辑就像爬楼梯，一阶一阶地向上延伸，环环相扣，层层递进，每一级阶梯都不可或缺，只有相互协作，相互补台，才能顺利抵达楼顶。

【例 4】

把握“四个阶段”，提升写作水平

一、初级阶段：机械模仿，学会“照葫芦画瓢”

二、发展阶段：创造模仿，学会“照猫画虎”

三、升华阶段：脱离模仿，学会“无虎画虎”

四、赶超阶段：推陈出新，学会“出神入化”

【评析】

“四个阶段”是写作水平由低到高、由浅入深、由表及里的逐步发展的过程，符合一般人提升能力的自然规律。四个阶段压茬推进，环环相扣，互为前提，缺一不可，是一种科学的循序渐进的学习方法，具有很强的说服力与执行力。

3. 总分式逻辑关系

总分关系实质是并列与递进的结合，也就是说，总分式关系中各子观点之间的关系既可以是并列，也可以是递进，无论何种关系，都受主观点统领，为主观点服务。

以例 2 为例，该文章的主题的关键词为“学”“悟”“讲”“用”。四个主观点分别围绕“学”“悟”“讲”“用”展开，前后构成明显的“总分”关系。主观点分别承担“学”“悟”“讲”“用”的阐述之责，然而主观点下的子观点则可以是并列关系，也可以是递进关系。比如，主观点“灵活创新‘学’，关键在于学有成效”所属子观点“分组学”“扎实学”“创新学”就是一种由浅入深的递进关系，主观点“结合实践‘悟’，关键在于悟透真相”所属子观点“边学边悟”“边干边悟”“边思边悟”就是一种平行的并列关系。由此可见，总分关系是并列与递进的综合运用。

如何拟制精美提纲

美感十足的提纲该如何构思？回答这个问题，需要从传统文化开始聊起。

中国建筑千百年来一直延续着传统文化中的对称审美，国人对这种均衡之美有着特殊执着的情感。我们环顾街头各式建筑，参差不齐的楼房都默契地遵循着“方正对称、威严庄重、井井有条”的对称规则，这种传统审美，在国人心中根深蒂固，深入骨髓。

“对称美”不仅在建筑领域得以保留，在传统文化的方方面面均得以体现。比如，一些领导或编辑在审判一篇文稿是否具有美感时，不仅会从文章新颖构思、写作手法、词语运用等方面判断，而且还会用传统审美对文章提纲进行审视。领导或编辑眼中的精美提纲是什么样的呢？换句话讲，精美提纲的标准是什么呢？

精美提纲应当工整、对称、稳固、新颖、有内涵，这一标准相对于“头重脚轻型、陀螺型、金字塔型、丝瓜型”的提纲而言，显然前者的笔头功力更加扎实，打磨修缮更加用心，更加符合传统审美，更容易吸引读者眼球，赢得领导或编辑认可。

如何打造“工整、对称、稳固、新颖、有内涵”的文章提纲呢？我们首先来看两组提纲，体会一下均衡、匀称之美的重要性。

【例 1】

一、加快发展骆越文化旅游产业，打造“骆越根祖，岩画花山”文化品牌。

二、强攻口岸经济，提升沿边开放水平。

三、推进落实《左右江革命老区振兴规划》。

【例 2】

一、做好“老树新枝”的文章，加快提升传统产业。

二、做好“插柳成荫”的文章，积极培育新兴产业。

三、做好“育种蹲苗”的文章，大力推进创新创业。

【评析】

例 2 是例 1 的修改稿。对比两组提纲，例 2 的“颜值”比例 1 明显高了许多，不仅带给读者的视觉冲击和阅读体验大大增强，而且更加容易获得领导和编辑的认同。

那么，如何才能拟制出“好身材”“高颜值”的精美提纲呢？

一、在提纲字数上下功夫

提纲要实现“对称美”，很重要的一点，就是要保证提纲字数相等。

【例 3】

一、坚持在学如穿井上下功夫，不断增强党员思想认同与情感认同

一要透视历史强认同。

二要聚焦使命强责任。

三要联系实际强深化。

二、坚持在破局立威上下功夫，确保政治工作威信重焕青春与活力

一要树立党委机关形象。

二要提升政治干部素质。

三要狠抓党员队伍建设。

三、坚持在强基固本上下功夫，持续夯实政治工作威信土壤与根基

一要保持抓建势头。

二要营造浓厚氛围。

三要形成长抓机制。

【评析】

从提纲字数上看，每个一级标题均为 26 个字，标题前半部分均为 11 个字，后半部分为 15 个字。一级标题在格式中基本保持一致，“坚持在……上下功夫，……与……”，类似这样在数字与格式上对称的标题，更容易在读者的视觉上形成“对称美”，相较于随意发挥的标题，效果会好很多。

从二级标题的数字上来看，由于三个一级标题之间属于并列关系，因此各自所属的二级标题之间允许没有联系，它们只需与对应的一级标题之间保持隶属关系即可。所以，我们拟制二级标题时，只需保证各组二级标题字数相同就行了。

当然，在提炼二级标题时，若能保证全篇二级标题字数相等，那必然会增强全文框架的美感。不过，在实际写作中，没有必要如此苛刻地追求完美，各自能保持字数一致就很好了。

二、在提纲词性上下功夫

如果追求字数相等是为了满足视觉上的美感，那么追求词性相同则是为了提升阅读上的体验。

词性，是根据词的个性与特点，对汉语中各类词语进行分类的依据。现代汉语中，我们通常将词划分为两大类，共 13 种词性。一类是实词：包括名词、动词、形容词、区别词、代词、数词、量词；另一类是虚词：包括副词、介词、连词、助词、拟声词、叹词。拟制提纲时，写作者在保证字数相等的前提下，

还应根据词性的分类，保证前后标题词性一致，进一步增强读者的阅读享受。

【例 4】

紧跟时代及时学。

紧贴任务系统学。

紧扣实践用心学。

【评析】

“紧跟 + 时代 + 及时 + 学”的词性为“动词 + 名词 + 形容词 + 动词”；“紧贴 + 任务 + 系统 + 学”的词性为“动词 + 名词 + 形容词 + 动词”；“紧扣 + 实践 + 用心 + 学”的词性为“动词 + 名词 + 形容词 + 动词”。

这组标题在字数上均为七个字，在词性上均为“动词 + 名词 + 形容词 + 动词”，既在字数上保持了一致性，又在词性上保持了一致性，为读者同时带来了好的阅读体验和视觉上的美感。

三、在提纲格律上下功夫

格律，是指在中国古代诗歌创作中，作者在诗歌的格式、音律等方面遵守的准则。由于诗、赋、词、曲等作品在字数、句数、对偶、平仄、押韵等方面遵循严格的格式与规则，因此，它不仅在外形（字数、句数）方面独具美感，而且在韵律方面独有音乐的吟唱之感。阅读时朗朗上口，余音绕梁，令人意犹未尽，回味无穷。

比如：

《蝶恋花·伫倚危楼风细细》

柳永

伫倚危楼风细细。望极春愁，黯黯生天际。草色烟光残照里，无言谁会凭阑意。

拟把疏狂图一醉。对酒当歌，强乐还无味。衣带渐宽终不悔，为伊消得人憔悴。

“细、际、里、意”的押韵字母为“i”，“醉、味、悔、悴”的押韵字母为“ui”。古体诗词格律严谨优美，这是中国千百年优秀文化的精粹。当代公文创作者有义务有责任去担当起传承传统文化之责。然而，我们该如何在公文中体现格律之美呢?

在追求格律美之前，我们应遵循客观规律，既要传承好传统文化，还要做好取舍，符合现代人的语言习惯，不能过于迂腐，搞满篇的“之乎者也”，让人诟病。

我们在拟制提纲时，对格律中的“对偶、平仄、押韵”等要求，做到领会其意、稍显其秀即可，没有必要全要素体现。尤其是其中的“平仄”，尽可能舍其不用，因为太耗时间精力，且有呆板僵硬之感。

对偶、押韵相对简单，也与当代语文元素相符，只要灵活运用，既可增强文章整体美感，又能彰显文笔的深厚与内涵。

（一）押韵

押韵，又称为压韵，是指在韵文的创作中，在某些句子的最后一个字，都使用韵母相同或相近的字或者平仄统一。押韵的句子在朗诵或咏唱时，会产生铿锵与和谐之感，令语句产生韵律之美。

【例 5】

坚持用学习“治心”。

坚持用制度“管行”。

坚持用问责“增信”。

【评析】

该例中，“心、行、信”，押韵字母均含“in”。阅读时毫无生硬晦涩之感，语气流利顺畅，铿锵有力，能大大增强讲话者的自信与气势。

（二）对偶

对偶，是指用字数相等、结构或形式相同、意义对称的一对短语或句子，来表达两个相对或相近意思的一种修辞方式。

我们在日常的公文写作中，对偶运用相对多些，因为过分追求平仄，反而会影响文章的张力，所以，只要做到字数相等、结构相同、意义相近就行了。

【例 6】

一、从兴起热潮向保持热度深化

二、从基本掌握向系统领会深化

三、从学懂弄通向指导实践深化

【评析】

“从……向……深化”的联系句，在字数、结构、意义上，基本保持了相同、相近或相关的关系。由于标题句式工整、节奏整齐、音调相近，并且前后呼应、相互映衬，所以阅读时口感流畅，方便记忆和传诵，极易为读者留下深刻印象。

拟制独具美感的提纲，不仅限于上面三种方法。但只要领会了其中要义，也就能基本保证文章结构“工整、对称、稳固、新颖、有内涵”了。

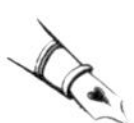

如何增强材料思想性

一篇文章失去思想性，就意味着失去“生命”。诗有诗眼，文有文魂。魂，指的就是文章思想性。材料思想性有哪些基本特征？增强思想性应掌握哪些写作技巧与方法？搞清楚这些问题，便掌握了提升材料思想性的规律与途径。

那么，什么样的文章才具思想性呢？笔者认为它应当具备五种气质或内涵：一是能够洞察事件真相本质；二是能够透彻分析事件矛盾；三是对事件具备独到视角见解；四是善于阐述深刻道理；五是能够精准提炼思想观点。下面笔者将围绕这五个方面进行详细阐述与说明。

一、洞察事件真相本质

领导评价一份材料，往往会用“轻飘飘”“少点味道”“没有特色”等一些看似离题千里的词。其实，这些词的背后却很有寓意，意在提醒写作者“材料没有洞察事件本质”。

什么是洞察事件本质？就是透过现象和迷雾，掌握事件发生发展的原因、经过、结果。我们常说某篇文章有思想、有深度，关键就在于作者透过问题表象“透视”事件本质，为读者带来思想上的触动与认知上的启迪。

透析问题的本质并不完全依靠天赋，往往由分析问题的角度来决定。写作者只要掌握了审视问题的新视角，便拥有了洞察事件本质的超能力。

（一）从主观角度审视事件本质

以个人、事件、单位为线索，从主观角度分析矛盾问题，查找根本症结。就个人而言，一般在撰写对照检查、民主生活会发言、述职述廉述学、年度工作总结等材料时运用较多，通常从个人的政治信仰、党性原则、理想信念、道德修养、廉洁自律、法规意识、履职尽责、宗旨意识、责任意识、服务意识等微观层面，分析、查找和总结经验教训。就单位而言，一般在撰写意见、通报、总结、报告、简报等材料时运用较多，通常从党委班子、政治功能、民主原则、组织纪律、组织生活、组织建设、执纪监督等方面，分析、查找和总结矛盾根源。

【例 1】

某县委书记在民主生活会上的对照检查提纲

一、党性原则有所弱化。

二、理想信念有所钙化。

三、宗旨意识有所淡化。

四、组织纪律有所退化。

【评析】

该例中的县委书记在对照检查时，重点围绕县委书记这个主观对象，从“党性原则、理想信念、宗旨意识、组织纪律”等层面，刀口向已，自我剖析。这是撰写主观类材料常用的技巧与方法，可做“万能钥匙”借鉴使用。

（二）从客观角度审视事件本质

脱离个人或单位，从客观的视角（第三者视角）审视全局，通常从体制、制度、机制、道德、文化、教育等宏观层面分析事件原因教训。从客观角度分析，其优势在于能够提高材料的信服力与大局观。

比如，高铁“霸座男”事件出现后，广大网友纷纷加入谴责队伍，从不同角度分析了“霸座男”在传统家教、道德修养、社会公德、教育学历、文化传承等层面的素质短板，但这些均是以“霸座男”这个个体为出发点。“霸座男”只是社会的微小个体，并不能代表整个社会现象，如果只从“霸座男”身上找问题，那么分析事件本质矛盾时，即便我们竭尽全力批驳，除了发泄私人愤懑情绪外，难以透析事件本质，提升材料层次，促进社会健康发展。

《光明日报》在《全面依法治国托举每个人的安全感》的评论中，从客观视角揭示问题治理的深层次矛盾，从“依法治国”的高度透析事件本质，为拓展写作者视野打开了“一扇窗”。

【例 2】

“法者，治之端也”。法律制度的制定与执行是实现善治的起点，而背离法治则会造成种种难以预料的社会乱象，这是人类政治文明发展历程中被反复证明的经验和规律。近段时间以来，舆论场上颇不平静，从“高铁扒门”到“博士霸座”，从“疫苗之殇”到“滴滴顺风车迷奸”，种种令人匪夷所思的新闻事件在社交媒体激起排浪式舆论，这些事件对常识和底线的挑战加剧了人们的不安全感，增加了政府和社会的运行成本。社交媒体上关于这些新闻的热烈的公共讨论，从一个侧面看，正是对社会治理法治化的呼唤，是全面依法治国向纵深推进的民意基础。

【评析】

《光明日报》从依法治国层面展开评论，站位点高，见解独到，论述过程抽丝剥茧、拂尘见金，阐述观点有理有据、深刻透彻，犹如“一刀砍在骨头上”的彻底分析，引人思考，给人启迪。

二、透彻分析事件矛盾

著名诗人杜甫的《前出塞》之所以流传千年而不朽，主要原因在于全诗深刻揭示了事件的主要和次要矛盾，带给后人丰富的联想和启迪。特别是“挽弓当挽强，用箭当用长。射人先射马，擒贼先擒王”等千古佳句，广受赞誉，广为传诵。

写作同样如此。评价文章质量的优劣，通常也是以能否揭示问题本质矛盾作为评判标准。

那么，写文章该从何处着手揭示问题本质矛盾呢？

（一）从事件发展过程揭示矛盾

任何问题的出现，总是遵循从量变到质变的发展规律。只有把问题的发展路径与规律摸清楚，才能找到由量变转为质变的“临界点”，从而摸清产生矛盾的根本原因，这是公文写作中找准矛盾点的思路与方法。

公文体现思想性，核心就在于是否摸准矛盾形成的“脉络”，揭示问题的矛盾。

【例 3】

近年来，虽然反贪反腐成绩显著，但是我们也要清醒看到，深层问题仍未触底，滋生土壤仍未铲除，反弹警报仍未解除，肃贪反腐任重道远。从现实思想表现看，有的持有观望态度，有的产生松懈情绪，有的存在侥幸心理，有的甚至想回到过去享受“滋润”日子。从干部行为表现看，党员受“四风”病毒雾霾毒害，理想信念或多或少遭受污染腐蚀，有的表现为精神追求不崇高，生活情趣不健康，战斗精神不昂扬。从工作作风表现看，有的表现为党群情结不深，同志情谊淡薄，宗旨意识不强，与地方朋友走得亲近、打得火热。种种迹象表明，作风建设还处在“不敢”“不深”的阶段，离“不能”“不想”的状态还有很大距离。

【评析】

上面例文在分析问题原因的过程中，具体阐述了矛盾久患成疾的形成途径与过程。具体从现实思想、行为表现、工作作风层面进行了详尽的分析和举例，可谓字字珠玑，一针见血，不仅有很强的打击感，而且说服力也非常强，很能触动读者内心“神经”，为后期如何持续抓好廉政建设起到了预警与启示作用。

分析矛盾产生与形成的过程，不只是简单地为了增强文章可读性，更重要的是把事理阐述清楚，把矛盾剖析透彻，让读者有所悟有所获。这一过程有利于我们把握矛盾形成的规律，为现实工作中如何有效地防范和制止同类问题反复出现，起到很好的教育和警示效果，这才是公文的核心要义所在。

（二）区分主要和次要矛盾

工作推进不可避免会遭遇大大小小的矛盾和困难。分析矛盾问题时，尽量克服“眉毛胡子一把抓”的工作作风，核心在于搞清楚哪些矛盾占主体地位，哪些矛盾是旁枝末节；哪些矛盾会影响牵动全局，哪些矛盾是无关紧要的。准确抓住问题的主要矛盾，才能把握工作重心；集中火力攻克矛盾，才能把事理分析清楚透彻，不会让人感觉不痛不痒。

【例 4】

《落实“两个责任”，确保风清气正》节选

大家一定要清楚，当前党委的头等大事是做大做优经济“蛋糕”，各级党委书记必须有足够精力放在经济建设上，这是对的，但党委书记一定要学会弹钢琴，一定要牢记党建这个“主业”，牢记党风廉政建设这份“责任田”。在这里，我要特别强调，作为党委书记，如果主体责任没有抓好，其他一切工作都等于零。

【评析】

该例中列出了两个大项工作：一个是经济建设；另一个是党风廉政建设。文章分别对两项工作进行了定位：“经济建设”是“头等大事”，但并不属于主要工作。“党风廉政建设”是“主业”，并强调“主体责任没有抓好，其他一切工作都等于零”。文章清晰传递这样的信号：“党风廉政建设”才是主要工作，才是主要矛盾，其余一切工作都应属于次要矛盾。

辨析清楚材料中的主次矛盾非常重要，对各级理清工作思路、把握工作重点，以及部署下步工作，都具有非常好的指导性和统领性。

那么，公文材料究竟该如何界定主要和次要矛盾呢？

1. 从文件精神中领悟

从上级文件中抓“活鱼”，认真学习上级文件精神，准确领会上级意图，从而找出工作中的主次矛盾。按一般规律而言，只要是上级文件要求的、领导经常强调的、影响全面建设的、社会反响强烈的、阶段性的突击性的任务等通常为主要矛盾。

2. 从工作动态中把握

大家都有这样一个常识：在不同时间、不同条件下，主要矛盾和次要矛盾是相互转换的。比如，第一、四季度，各单位为确保能开好头、收好尾，通常会把安全工作作为季度主要工作；第二、三季度是业务拓展的黄金期，各单位通常又会把业务作为主要工作，把安全工作作为次要工作。

3. 从工作全局上判断

单位的中心工作一般为主要矛盾，其他工作为次要矛盾。管党务的一般把“党建”作为主要工作，管经济的一般把“项目”作为主要工作，搞管理的一般把“安全”作为主要工作。各部门的主要工作依性质不同而存在差异，但各部门与单位这个大局是一个整体，当部门的主要工作与单位中心工作比较时，自身的主要矛盾就会转变成单位的次要矛盾。

（三）剖析矛盾的深层原因

思想只有经过碰撞，才能产生火花。材料展现思想性，通常会在矛盾剖析中得以体现。矛盾剖析得越深刻，材料思想性就越耀眼。

如何衡量材料矛盾剖析是否深刻呢？标准就是启迪思路，开阔眼界，值得借鉴，以儆效尤。

【例 5】

前段时间，娱乐圈最火爆的新闻，莫过于张杰录制《王牌对王牌》节目时晕倒摔伤的事件了。事件发生后，曾有粉丝要求节目组为事件道歉，工作人员回应称："过马路还有危险，难道就不过了吗？"如此说话，怎么听都觉得不顺耳。出现问题，主动关怀，赔礼道歉，这才是人之常情！但节目组令网友大跌眼镜的反应，不仅伤了广大网友的心，更加证实他们在安全意识与防范上的淡漠与疏忽。

【评析】

这段材料评论通过热点事件引入，从正反两面辩证思考，并以"过马路还有危险，难道就不过了吗？"为反面事例，揭示节目组"安全意识与防范上的淡漠与疏忽"这个主要观点。这样的辩证结论，令人信服、无可反驳，而且启迪思路、引人反省。

深入剖析问题矛盾，不是一件容易的事，它需要我们有"咬定青山不放松"和"钉钉子"的攻坚精神，只要确定了方向，就要层层推进、锤锤敲实，不见兔子不撒手。我们还需要有"剥洋葱"的笃定精神，不能满足于外在的、眼前的、次要的，要注重从普遍现象中掌握事件发展规律，摸清事件脉搏，分析发展轨迹，预测发展趋势，顺藤摸瓜，沿河寻源，透过表象，找到症结。

即便一篇公文最终得到了结论，也要让人感到道理确实讲通了，问题确实说透了，真正达到醍醐灌顶的效果。只有问题的矛盾原因分析透彻了，材料的思想性才会随之大放异彩。

三、具备独到视角见解

经常写材料的人都知道，写材料难，难在出观点、出思想。"笔杆子"每天生活在巴掌大的办公室里，每天面对的都是周而复始的工作，主题教育、专项活动、党的建设、人才培养、廉政作风、日常管理、业务工作……这些工作天天讲、年年抓，人还是那些人，事还是那些事，好点子都讲完了，好观点都说透了，真的是无话可说了。但领导逢会还要讲，还要求出新观点、新理念，很多材料人因此陷入了迷茫。

面对如此困境，我们究竟该怎么办？

（一）善于积累

世人无难事，只怕有心人。量变引起质变，这不是什么稀罕道理。材料新观点不是来自脑洞大开的幻想，而是来自日常积累后的厚积薄发。只要素材够多，经验够丰富，认识够深刻，就不难出新观点新思想。

1. 要注重积累素材

很多机关“笔杆子”都有一个习惯，非常注重从网络上收集写作素材，并根据自己的喜好分门别类建立素材库。当遇到一个对自己而言的陌生领域、知识空白、认知盲区时，就会打开素材库搜索关键词，从众多优秀素材中寻找灵感思路，从而快速确定材料主题。

2. 要注重积累经验

毛泽东同志曾讲道：“我是靠总结经验吃饭的。”经验来自哪里？它来源于实践，来源于生活，来源于群众。坐在办公室是坐不出新观点新思想的，即使揪头发揪出个新想法，也会因为脱离实际，受到领导、群众的不满。新观点一定爆发于长期的经验积累，而积累经验一定来源于躬身实践。机关人需要经常“打开窗”“跨出门”，到一线去，到群众中去，唯有亲身经历，才可能有惊喜发现。

3. 要注重积累观点

材料都是为领导服务的，只有观点符合领导意图，材料才能顺利过关。材料人一定要当有心人。不仅要注重平日阅读时新颖观点的收集，当遇到领导讲话时，无论是随机而讲，还是有备而讲，都要像战士一样，时刻准备战斗，注意记录领导脱口而出的新理论、新观念、新点子、新火花，这些很可能会成为下一个材料的主观点。我们记录新观点的同时，还要记录旧观点，那些经常被领导提及的、大家耳熟能详的道理观点，在材料中要注意避开，以前讲过的经验不要再使用，以往材料中多次用过的观点不要再提及，时时留意新鲜的观点、革除陈旧的观点，这样写起材料来才不会临时抱佛脚，摸不透领导习性，抓不住新观点的“尾巴”。

（二）善于发现

唯物辩证法认为，任何事物都是在不断地运动、变化和发展的，事物的发展具有普遍性和客观性。因此，坚持用发展的观点看问题，是材料人必备的技能与素质。现实工作中，虽然年复一年，看似事事重复，其实，即使是同一件事，因人、因时、因势不同，往往也会产生观点的差异，只要肯用心，总能从普遍现象中发现新迹象新思路。

比如，有一个报社收到一篇稿子，主题是“较真连长不弄虚作假”。其实，这个提法不算新了，但其中有个现象很有新意：上级要求该连连长报告“三员一手”，连长说没有达标的，上级还催着他汇报，其中意思很明确，就是启发他降低标准，凑个数字，但这位连长不为所动，回答“没有就是没有”。

其实在连长坚持原则中，已经产生了一个新思想：坚持实事求是，要抗得住外部干扰和诱惑。报社编辑要求作者以这条线索重新修改了稿子，突出表现连长顶住压力坚持实事求是的精神。后来，这篇 300 多字的短新闻，获得首届中国新闻奖、全军军兵种报纸好新闻一等奖。

“真相总是隐藏在历史的迷雾当中。”新观点总喜欢穿上伪装，隐藏于普遍现象之中。一成不变的人文，一物不改的环境，这些看似平常的事物，却往往隐藏着真知灼见。上报受奖人员是一件小事，年年都在重复发生，就因为该连长“顶住压力坚持原则”这一思路的变化，点燃了改变材料命运的幸运火花。

可见，现实生活中，并不是缺乏好的思想，而是缺乏发现的眼睛。只要我们坚持用辩证的眼光审视世界，就能收获“众里寻他千百度，真相却在灯火阑珊处”的惊奇效果。

（三）善于思考

材料往往因思想深度而出彩，不因辞藻华丽而夺目。这不仅是材料写作者的经验之谈，而且是领导对材料的定位与要求。材料有思想深度，就是对事物的观察有新颖独到的见解，就是用全新的视角解剖问题，提出有异于过去、超越常人的观点和认识。

爱因斯坦曾说：“我们不应当把获得专业知识放在首位，而应该将发展独立思考和独立判断的能力放在首位。”这句话不仅适用于科学研究领域，同样适用于公文写作行业。思考的本质是解决疑问。遇事多问自己几个为什么，比如领导在台上讲话，你就可以问一问自己，领导的讲话稿为什么要那样写？如果按自己的思路写效果会怎么样？又比如看到一份好材料，你就问一问自己，材料是从哪个方面破题的？材料提纲为什么要这样拟制？材料观点是怎么提炼的？还比如逛街遇到行人闯红灯，你可以假设自己是政策制定者，想一想行人为什么闯红灯？现行规定有哪些漏洞？如何从制度、素质、文化、设施层面约束和规范行人行为？等等。

凡事多问自己几个为什么，尝试多角度审视问题，经常复盘反思错误缺漏，努力克服懒惰畏难心态，久而久之就能养成思考的习惯。

四、善于阐述深刻道理

公文材料中常常会涉及一些高深理论，这些理论往往是一篇文章是否具有思想性的重要体现。然而，这些内容常常被大家认为空洞、不接地气，是“大道理”“喊口号”“形式主义”“八股习气”。

比如，一位领导曾在全体员工大会中讲道：“只有坚持解放思想、实事求是，一切从实际出发，理论联系实际，我们单位建设才能稳步推进，顺利前行。”当场就被群众指责“官话、套话”一大堆，纷纷表示听不懂、不喜欢。其实，这位领导的讲话是正确的，其中的道理或理论也是非常有指导性的。之所以被“扣帽子”，就是因为没有用“群众听得懂”的话来阐述这些“大道理”。

如果写作者用文字把“大道理”讲通俗了，那么材料也就深刻了，思想性也就脱颖而出了。如何才能把“大道理”通俗化、深刻理论浅显化呢?

（一）善于用生动故事阐述道理

简而言之，就是通过讲述故事的方式来阐述晦涩难懂的道理。比如，很多公文材料中会有关于“信仰”的论述，如果材料写成这样：“所有党员干部必须不断筑牢信仰之基、补足精神之钙，坚定对马克思主义的信仰、对共产主义和社会主义的信念，才能打赢意识形态领域这场没有硝烟的信仰之战、灵魂之战。”这肯定会背上“八股文”的骂名。

如果借鉴王树增在《长征》中的写作方法，相信一定会受到群众鼓掌欢迎。《长征》一书中，虽然只字未提“信仰”二字，却把道理阐述得通俗易懂，生动感人。

【例6】

1935年春，中央纵队正以急行军的速度通过贵州境内的一个山口。国家政治保卫局局长邓发的妻子，26岁的陈慧清却要分娩了。陈慧清被抬到了路边的一个草棚里，因为难产在剧烈的疼痛中打着滚。枪声越来越近了，董必武对警卫员说：“去，告诉董振堂，这里在生孩子，让他把敌人顶住。”董振堂把39团团长吴克华叫来了：“生孩子需要多长时间，就给我顶多长时间！”39团的红军官兵在距离陈慧清不到一公里的地方与敌人展开了殊死战斗。拼杀中不断有官兵问：“生了没有？生了没有？”整整两个小时后，孩子出生了。担负后卫任务的39团随即撤离了阻击阵地。当董振堂听到有官兵埋怨说为了一个孩子让一个团打阻击不值得时，这位红军军团长火了，董振堂说：“我们今天革命打仗，不就是为了他们的明天吗？”

【评析】

同样是讲“信仰”，如果写得呆板枯燥生涩，群众看了只会心生厌恶、昏昏欲睡。例 6 中通过生动讲述红军长征生孩子的历史故事，把“信仰”就是“为了孩子们的明天”这个道理阐述得直观深刻，画面感很强，引发读者强烈的灵魂共振，阅读效果很好。

（二）善于用名人名言阐述道理

有时，公文材料中常常会涉及一些深奥晦涩、不易用文字阐述清楚的道理。其实，有些道理已被历史证明过，无须作者再绞尽脑汁、旁征博引进行论证，只需移花接木、恰当引用就可以了。

比如，“先天下之忧而忧，后天下之乐而乐”“人生自古谁无死，留取丹心照汗青”“鞠躬尽瘁，死而后已”“苟利国家生死以，岂因祸福避趋之”等千古绝句，其中蕴含的深刻道理已被范仲淹、文天祥、诸葛亮、林则徐等人用历史印证过，他们的事迹家喻户晓、妇孺皆知，既是中华民族宝贵的精神财富，更是一代代中华儿女的精神坐标，无须写作者再费笔墨进行论述。在材料撰写过程中，如果涉及阐述理想信念、原则立场、责任担当、报国奉献、功名利禄等道理时，只需对历史事件恰当进行引用，就能将枯燥理论生动化、深奥道理通俗化，实现感化人、说服人、教育人的效果。

（三）善于用正反对比阐述道理

通过对同一件事件中存在的正反两面进行现象与本质的参照对比，找出正面优势与反面不足，从而深刻揭示道理的内涵与意义。比如，李瑞环同志在《为官一任，造福一方》一文中，运用了正反对比的写作手法，深刻揭露了官僚主义的弊病和危害。

【例 7】

我们有些同志沾染了一些很坏的风气，他们习惯于坐在屋子里，豪言壮语，气吞山河，听起来似乎决心很大，道理很多，但只有唱功，没有做功，嘴巴行千里，屁股在屋里，高谈使他们浪费了很多时间，阔论使他们耽误了许多事情……他们不当运动员，只当裁判员，只吹哨不上场，谁“进球”吹谁“犯规”；你在前边干，他在旁边看，干好了他说“早该如此”，干错了他说“意料之中”，他们涣散了别人的斗志，污染了周围的风气。

【评析】

作者通过对“行千里”与“在屋里”的正反对比，“唱功”与“做功”的正反对比，“运动员”与“裁判员”的正反对比，“前边干”与“旁边看”的正反对比，帮助群众看清楚“官僚主义”“利己主义”“享乐主义”的本质特征，直指党内某些同志腐化作风的危害，这比直接阐述“为官”道理更加切中要害、入木三分、发人深省。

五、精准提炼思想观点

我们常把材料写平庸了，其实是我们陷入了“流水账”的陷阱。如果写材料只顾就事论事，不擅长“跳出来”，以更高层次、锐利眼光审视事物，那么就会陷入满地“鸡毛”的尴尬。

什么是“流水账”呢？就是跳不出业务工作中那些大大小小的具体事，不加区分地罗列现象，表面上看事事都联系了工作实际，其实缺乏对工作现象的绝对“把控力”，从“千条线”中理不出头绪重点，文章观点也不具有指导性、逻辑性和思想性。这样的文章就像小学生写日记，是难以上得了职场台面的。

如何才能克服记“流水账”的旋涡，写出具有思想性的材料呢？

（一）具有跳出来的意识

“跳出来”，就是要从传统思维中脱离出来，跳出“狭隘”的自我意识的影响与羁绊，以第三者的视角来审视事件，实现“旁观者清”的效果。

我们以《人民日报》的一篇评论文章《激荡督查检查考核的正能量》为例，感受一下“跳出来”的魅力。

【例 8】

有基层干部反映，随着脱贫攻坚进入关键期，针对扶贫工作的各级各类督查也日益增多。现在，为应对上级要求，每日工作都要做笔记台账，反反复复填报材料，不少内容还必须一式多份。一些名目繁多、频次过密的督查检查考核，重留痕轻实绩、不问因果就追责问责的做法，成为抓落实过程中形式主义、官僚主义新表现，给基层干部群众带来困扰。

【评析】

脱贫攻坚中暴露出的这些问题，如果追根溯源，在分析“督查检查考核工作为何给基层干部群众带来困扰”的症结原因时，我们常用的写作思路，会以“工作思路缺乏创新力，工作统筹缺乏把控力，工作方式缺乏拓展力，工作作风缺乏果敢力”等原因来剖析问题。其实，这样的思路是以个人视角为出发点的自我审判，脱离不了主观的狭隘影响，也触及不到问题的根源，不能从根本上警示和阻止问题的再发生。

【例 9】

督查检查考核工作，为什么会变形走样、成为负担？除了统筹管理不足、方式方法欠佳、作风病故态复萌，其中一个重要原因还在于，上级推动工作缺乏抓手，下级展现政绩缺乏出口。这启示我们，既要加强督查检查、发挥考核指挥棒作用，破解形式主义、官僚主义问题，也要从改革发展的宏阔视角更好开展工作、推进落实。

【评析】

作者在剖析问题时，具备了“跳出来”的意思，以第三者的视角，既分析了“统筹管理、方式方法、作风病”等表层原因，又深刻揭示了“上级推动工作缺乏抓手，下级展现政绩缺乏出口”的重要原因。最能体现材料思想性的是最一句话“这启示我们……”，展现了作者宽广的眼界，撇清了作者作为“主角”的嫌疑，突显了作者观点的客观性，这样的文章更能令人信服。

（二）具有纵观全局的素质

不知大家有没有发现，凡是领导身边的秘书，从事领导岗位的概率会更大。这是为什么呢？其中容易被大家忽略的主要原因，是秘书具有与领导对等的全局思维。

由于秘书经常起草领导各类讲话材料，在力求切合领导身份、地位、层次和口味的同时，他们已经潜移默化地具备了领导的思维层次和纵观全局的能力素质。我们常常感到领导的讲话思想性特别强，很有指导性、统揽性和前瞻性，其实这些都与秘书的“全局观”密切相关。

如何才能培养与领导对等的“全局观”呢？

1. 要搞清对象

对象，也就是材料的受众，究竟是谁在听或看材料。只有搞清楚对象，才能全面地把握受众的特性，这样的材料才更具针对性和指导性，受众才更容易接受认可。

2. 要转换位置

“屁股决定脑袋”，这不一定就是玩笑话。从写作者角度出发，就是要自觉搞身份转换，以主角身份站在单位层面、领导角度去看待问题，写材料时多问自己：“如果是领导会怎么看？”“符不符合受众身份？”只要自己随时保持在“角色”状态，就能从思维上接近“角色”。

3. 要区分类型

不同类型的材料，它的“全局观”是有天壤之别的，比如，市长讲评全市经济工作，写作者就需要站在全世界、全亚洲、全中国、全省全市的高度来全面把握，努力把眼光放远放长，才能准确把控本市经济发展这个大局。

（三）具有总结提炼的能力

总结提炼的能力，就是具备从杂乱现象中归纳出共性、特点、规律的能力。通俗讲，就是具备从琐碎的事务中寻找“真金”的能力，这些“真金”也就是常说的“观点”。

【例 10】

所有员工不准随便搞拉拉扯扯关系；要严格请销假制度，特别是工作时间外出要从严控制；所有人员一律不准涉足不健康场所等。

【评析】

本例中有事说事，既联系了实际，也点到了具体问题，唯一遗憾的是，没能从常见现象中总结出观点来，体现不出材料的思想性。因此，领导在审阜槁时，修改为：

要充分认清社会上消极因素对职工影响的严重性，切实提高思想工作的针对性、有效性，打牢职工拒腐防变的思想基础；要严格责任制，积极适应形势发展要求，建立健全并严格落实请销假、工作时间管理等各项规章制度，内部既要管严管住，又要防止社会上消极因素浸透进来；要积极改善职工的物质条件，丰富业余文化生活，创造育人塑人的良好环境。

修改后的材料，分别从外界因素和内部管理、硬件建设和软件完善等层面进行全面反思，材料明显上了层次。最难能可贵的是，文章更加注重组织层面的反思与弥补，而不是对当事人行为的指责，体现出领导高瞻远瞩的眼光和宽阔包容的胸怀，非常符合领导“身份”。相信当事人和企业其他员工，都会被领导的独特魅力所折服。

（四）具有移花接木的技巧

移花接木，就是巧妙引用“金句”来增强材料思想性。什么样的句子才能称为“金句”呢？就是那些被广泛流传的具有深远意义和发人深省的如金子般宝贵的句子。这样的句子往往比较正面，富含哲理，具有指导性、启发性，有较好的引用价值。

比如：“坚持理念先行，向思想解放要动力；坚持改革攻坚，向体制机制创新要活力；坚持开放先导，向全面开放要空间。”“历史的如椽巨笔，需要魂脉牵引；时代的伟大征程，离不开思想灯塔。”“摒弃政绩焦虑，敬畏发展规律，尊重地方实际，少些‘一个师一道法’的浮躁，多些‘一任接着一任干’的坚守，正是干部谋潜绩、创实绩的不二法门。”等等。

诸如此类的金句，蕴含着丰富的哲理与思想，在材料中直接引用或适当修改后引用，对增强材料思想性有较好效果。关于如何收集“金句”，就是要多读多记多思，这里不展开阐述。

凤头、猪肚、豹尾的材料怎么写

一、“凤头”式段首语怎么写

写文章自古以来讲究凤头、猪肚、豹尾。元代陶宗仪在《南村辍耕录》中记载：“乔吉博学多能，以乐府称，尝云：作乐府亦有法，曰凤头、猪肚、豹尾六字是也。”

在浅阅读泛滥的今天，“凤头”式文章的重要性愈发突显，迫使写作者们竭力在拟制亮眼标题、撰写吸睛段首语上狠下功夫。否则，文章开头不吸引眼球，就很难满足读者需求，不可避免成为浅阅读的牺牲品。

什么是“凤头”式文章呢？凤凰，本是古代合成的一种图腾，其羽毛丰满华丽，但头部很小，且非常尖锐。“凤头”式文章，意思就是文章开头要形似凤凰头部形状，切入主题快捷，观点鲜明深刻、精练短小，能够快速吸引读者注意力。

“凤头”式开头该如何写呢？笔者总结了 10 种常见类型，值得大家借鉴套用。

（一）结论倒置型

把文章结论与问题的逻辑倒置，将文章最精要的、读者最想看到的结论放在段首，让读者入题便知晓答案，从而产生“为什么”的好奇心，激发读者继续阅读的兴趣。

【例 1】

第三季度以来，全市共摸排垃圾分类处理站 321 个，存在问题 187 个，现已完成整改 102 个，完成整改率只有 52.5%……整改工作一拖再拖，大家的理由千万条，在我看来，没有一条能够站得住脚。为切实加强垃圾分类工作落地落实，建立起科学管控制度和责任追究机制，防止再度出现责任不明、推诿扯皮，我讲四点意见。

（二）理念统领型

通过阐述理论的内涵、意义、价值、作用、危害，统领全文中心。引导读者准确理解理论的重要价值与意义，从而引起思想上的重视。

【例 2】

四总部联合下发《通知》，决定从 2014 年开始每年评比表彰一批全军践行强军目标标兵。这标志着强军梦要向“能打仗、打胜仗”聚焦，强军目标要向“综合性、全面性”“常态化、长效化”进发。这对激励官兵热情，坚定强军信心，指导强军实践，实现中华民族伟大复兴具有重要意义与推动作用。评比表彰践行强军目标标兵，体现的是党中央、中央军委对全军官兵践行强军目标的高度重视……

（三）落实指示型

这种类型的段首语在领导讲话稿中最为常见。通常是以领导的讲话或文件指示作为直接引语，全文紧紧围绕指示，展开本级的工作思路、方向与目标，给人顺理成章之感。

【例 3】

7 月 6 日，习近平同志对……的来信做出回信：“我一直惦念着大家！收到你们的来信，我很高兴。你们……经受了考验。你们都是好样的！我代表党中央……为党和人民再立新功。”习近平同志的回信，对……予以高度褒奖，对……表达亲切关怀和诚挚问候，对各级解决……给予充分肯定，对下步完成……提出殷切期望，充分体现了……，使我们倍感温暖、倍觉鼓舞、倍受激励。为统一思想、鼓舞干劲，现就如何贯彻落实习近平同志重要指示，我讲五点意见。

（四）总结回顾型

对前期工作进行简要总结与回顾，在肯定工作成绩时，不忘提出问题不足，从而构建“查找问题—分析问题—解决问题”的文章逻辑。这种类型的段首语往往能够一语中的、一针见血，最能影响受众情绪，引起受众关注。

【例 4】

去年年底以来，各级把学习贯彻习近平同志重要讲话作为重大政治任务，真学真悟、严整严改，有力促进基层全面建设取得新成效。同时，我们也要清醒看到贯彻落实党中央会议精神还存在不少问题，比如，习近平同志提出的一些新思想新要求，没有真正进入工作指导、形成拆建思路、落到基层末端。这次推进会，就是要直面问题，破解难题。下面，我围绕“为什么要锻造‘五个过硬’基层、如何锻造‘五个过硬’基层、怎样锻造‘五个过硬’基层”三个问题，谈一些想法，和大家做个交流。

（五）巧设疑问型

问题是时代的声音，问题是探索真相的起点，问题也最能激发人的好奇心。撰写段首语要具备强烈的问题意识，注重用问题主导思路，巧设疑问埋伏笔，点燃受众好奇心，吸引受众跟随作者思路，深入文章一探究竟。

【例 5】

习近平同志指出，选人、用人要“坚持德才兼备，以德为先，坚持五湖四海、任人唯贤，坚持事业至上、公道正派”，把好干部“精心培养起来、及时发现出来、合理使用起来”。习近平同志的重要讲话为我们选准用好干部指明了方向、提供了遵循。当前，机构体制改革向纵深推进，经济发展日趋多元，使命任务拓展延伸，呼唤大批好干部投身社会主义建设，在时代的洪流中茁壮成长、建功立业。在这种形势下，怎样才能激活干部队伍建设“一池春水”？

（六）形势剖析型

着眼当前发展形势，进行宏观的、科学的分析，而后提出个性鲜明的观点，作为统领文章的主旨或中心。

【例 6】

当前，公务员编制体制改革基本全面展开，省部级机关新编制已经开始运行。站在新的历史起点上，我们面临的首要任务是坚决维护核心、看齐追随、服从指挥，经受的重大考验是如何拥护改革、落实改革、执行改革，解决的紧迫课题是怎样适应转变、履职强能、开局开新，应对的现实挑战是能否守住底线、稳中求进、争创一流。因此，我们必须抢占先机、乘势而上，迈好第一步、跑好第一棒，积极适应新形势，努力开创新局面。

（七）问题导向型

为切合读者阐述习惯，将问题部分从正文中摘选出来，摆在导语的显眼位置，从而激发读者认同感，引导读者主动与问题对照，带着问题阅读文章。

【例 7】

随着社会的发展、改革的深入，党员的思想观念、价值追求、行为方式也不断发生着变化，虽然主流是积极健康的，但通过调查发现，少数党员的思想和行为方式也存在一些偏差，主要表现在价值取向功利化、人际交往庸俗化、日常消费奢侈化……

（八）正反对比型

用截然不同的两幅画面或两个事例，为读者带来强烈反差，让读者内心产生“为什么”“怎么会”的疑问和困惑，吸引读者思考，带着疑问深入阅读。

【例 8】

走进上海虹桥街道爱建居民区的一个小区，修葺一新的垃圾箱房，让人眼前一亮。和印象中脏乱差的垃圾投放点相比，这里完全是另一番景象：四类投放口整洁有序、毫无异味；箱房卷帘门上和周边围墙上画着“垃圾分类”和“垃圾的旅程”漫画，墙角处摆放着一个个用塑料瓶制作的“瓶子菜园”，充满童趣。据街道工作人员介绍，去年小区开始深化垃圾分类工作，实现了 95% 以上的居民生活垃圾定时定点分类投放，曾经垃圾堆积、污水气味外溢等现象不复存在。

（九）场景再现型

通过摘录经典片段、人物对话等实现场景再现，将读者从现实带进尘封记忆，触动读者内心情绪，引导读者对文章将要表达什么产生好奇，愿意顺着写作者思路继续阅读。

【例 9】

“我们是改革开放的建设者、参与者、受益者”“风雨无阻兴国路，绚丽多彩东方潮”“为时代的巨变点赞，为奋进的中国加油”……这几天，大型政论专题片《必由之路》在中央电视台播出，引发收视热潮和网友热议。透过影像，人们回望共同走过的奋斗道路，感慨发生在自己身边的中国奇迹。

（十）畅谈体会型

体会最具思想性，最有感染力，能够快速引起读者内心共鸣与认同。畅谈体会最接地气，最聚人心，平实简练的体会最具代入感，最易引导读者聆听写作者的内心声音。

【例 10】

高邮是国家历史文化名城、世界遗产城市，也是苏中与苏北结合部经济相对薄弱地区。如何在“追赶”与“转型”中，下好改革创新“先手棋”、打赢“两聚一高”主动仗？我们的实践与体会是：从领导表率入手，从党员干部做起，点点滴滴抓服务，久久为功促落实，让改革创新成为社会各界的共同行动、县域发展的第一动力。

当然，“凤头”式段首语并不局限于以上模板，但通常脱离不了这 10 种套路。只要我们平常注意总结，就能不受限于以上套路，探索出新的写作模式。

二、“猪肚”式文章主体怎么写

还记得小时候农村家家户户都养猪，把猪养得肥肥胖胖、圆圆滚滚，到了年终卖出去换来年春耕钱。负责收猪的工作人员都很有经验，判断一头猪够不够肥，有一个经久耐用的秘诀，就是以猪肚子圆不圆来判定肥瘦。如果猪肚饱满浑圆且下垂，背脊宽大而厚实，毛色顺滑又光亮，那一定是头肥猪，收购单价通常会高出市价好几毛。

写作与卖猪的道理是一样的。古人评价文章常用“凤头、猪肚、豹尾”作为衡量标准。其中猪肚，就是要求文章内容要像猪肚子一样浑圆饱满而有内容，这样的文章才算得上好文章。像猪肚那样浑圆饱满的文章该如何写呢？把握好下面这四个关键词很重要。

（一）第一个字：稳

这里的“稳”，指的是文章主体框架要稳，这是文章浑圆饱满的前提与基础。如果文章提纲协调匀称，像T台上的模特，骨架协调，比例恰当，任何牌子的衣服穿上都好看。文章要行稳走远，就要把提纲设计得像模特的身材一样。

1. 精心设计一级标题

（1）对仗式

在清晰完整表达中心或主题前提下，尽量保持一级标题之间的对仗工整。

【例 11】

一、聚焦主业、突出主责，细耕**“责任田”**。

二、坚定信仰、提升能力，牵住**“牛鼻子”**。

三、总结经验、把握规律，把好**“方向盘”**。

四、明确责任、奖优罚劣，激活**“一池水”**。

【评析】

中国人对工整对仗之美的喜爱由来已久，只要不影响内容，不干扰主题，工整对仗的框架，必定会增强文章的整体视觉效果。从该例的字数上看，所有标题均采用“4+4+5”的模式，前后工整对称；从词性上看，所有标题均为“动词＋名词”格式，读起来朗朗上口；从修辞手法上看，所有标题均采用比喻的修辞手法，增强了标题画面感。

（2）并列式／递进式

没有规矩不成方圆，写文章尤其如此。如果我们写文章缺乏逻辑，就会出现思想混乱、主题不明确、“东一榔头西一棒槌”的现象。设计一级标题时，首要就是把逻辑捋清，然后才是列提纲，纲举目张就是这个道理。

日常公文常用逻辑有两种：一是并列式；二是递进式。这两种“万能”逻辑，基本能应付一般的公文标题。

【例 12】

并列式

一、留心交往圈，做监督管理的“细心人”。

二、盯紧生活圈，做监督管理的“铁面人”。

三、把住工作圈，做监督管理的“监护人”。

【评析】

“三圈”和“三人”，无论从词性上看，还是从意义上看，相互间都保持着平行的关系，并无交叉和歧义，这是一种特征显著的并列关系。

【例 13】

递进式

一、分层分类“查”，把查纠整改的靶子树起来。

二、深挖深究“问”，把自觉整改的党性强起来。

三、入情入理“讲”，把预期整改的标准立起来。

四、全员全程“晒”，把具体整改的措施严起来。

五、立言立行“做”，把履职整改的行动实起来。

【评析】

该例中一级标题的“五步法”层层递进，环环相扣，由表及里，逐步深入，直至成效显现，彻底纠改问题。这是一套科学的工作方法，符合常人的工作思维和逻辑，是典型的递进式逻辑关系。

2. 精心设计二级标题

虽然二级标题与一级标题在使用范畴与技巧上有些类似，但也存在细微差异，具体表现在两个方面。

（1）从条理逻辑层面看

这有三种情况：非同一标题下的二级标题之间不存在逻辑关系；同一标题下的二级标题之间存在着逻辑关系，通常以两种关系并存，一种是并列关系，另一种是递进关系；二级标题与一级标题之间，通常保持着总分关系。

【例 14】

总分关系

一、把握认知规律，灵活学习方法

一是系统学习筑牢理论大厦**“根基”**。

二是区分层次搭建理论大厦**“构架”**。

三是丰富形式搞好理论大厦**“装修”**。

【评析】

从本例中二级标题的逻辑上看，筑“根基”、搭“构架”、搞“装修”，这个流程是房屋建筑的基本流程，是逐步推进的一个过程，它们之间构成了明显的递进关系。从二级标题与一级标题的逻辑上看，二级标题中的“系统学习”“区分层次”“丰富形式”一系列动作，其实都是学习的方法，与一级标题“灵活学习方法”总的意志相符，这就是总分关系。

（2）从自身属性层面看

一级标题属宏观指导。一级标题好比指挥千军万马的大将军，身居高处，只负责兵力部署、战力调控，不负责攻城略地、冲锋杀敌。

二级标题属具体操作。二级标题就像冲在一线的士兵，用自己的行动来实现大将军的意图，他们是为实现将军的战略目标服务的。

【例 15】

一、着力在抓好生态脱贫上下功夫

一是生态造林“**给力**”，生态保护脱贫一批。

二是特色产业“**发力**”，生态产业脱贫一批。

三是退耕还林“**用力**”，生态补偿脱贫一批。

【评析】

这里的一级标题就是“将军”，“生态脱贫”好比将军的指挥。二级标题好比“战士”，有的战士负责“生态造林”，有的战士负责“特色产业”，有的战士负责“退耕还林”，各尽其责，全力以赴，所有“战士”的共同目标就是“生态脱贫”。

认真领会各级标题内在属性与意义，对于我们搭建稳固框架、拟制美观提纲有着非常具体而重要的意义。初学写作者，可以多收集一些经典提纲，尝试领悟内涵逻辑，久而久之，便能把握其中规律，搭建稳固的文章框架。

（二）第二个字：实

“方向不明决心大，目标不清干劲足”，这是材料写作者的禁忌。从现实情况看，一些写作者在追求文字优美与工整对仗上用力过度，忽略了公文“实用”的本质属性，这样的材料常常会被扣上“空洞无物”“假大空”的帽子。公文要写得像“猪肚”一样浑圆饱满，就做不得“假大空”的虚功。

1. 善于用工作过程来写实

一份材料显得空洞，往往是因为大话空话讲得太多，给人脚不沾地的悬空感。脚踩棉花身发飘，材料没了根基，就如同画饼充饥，岂有不空洞的道理呢？

【例 16】

实现共产主义，是共产党成立以来就确立的最高理想和终极目标。实现共产主义，就是要运用马克思主义基本原理，通过系列的无产阶级革命，从根本上消除生产社会化与生产资料私有化之间的矛盾，用社会主义公有制代替资本主义私有制，经过长期的物质、政治、社会、精神、生态文明建设的高度发展，最终实现党的崇高理想与终极目标，全体社会成员共同拥有全部生产资料，实现各尽其能、按需分配的美好生活。

【评析】

这样的材料太缺乏画面感，留给读者的只是空洞的理论，即便口号喊得震天响，没有实质性的内容，也还是得不到群众认可的。

有什么方法把容易写虚的材料写得实实在在呢？秘诀就是：把完成工作的指导思想、组织计划、步骤环节、效果观点等过程逐一展示出来，材料就轻松变得丰富、饱满、接地气。

【例 17】

为准确理解上级决心意图，创新战备工作思路，我们遵循“从严抓建、依法抓建、科学抓建”的原则，确保党委统揽全局、科学部署、层次推进。**一是党委深刻理解研究。**我们组织党委成员深入研究文件精神，准确理解上级“整建制临机战备拉动”的战略决策与决心意图，消除和平积习，强化战备意识；突出战备工作与中心任务间的辩证关系研究，确立“任务牵引、突出中心、分解落实、协调推进”的建设思路，切实梳理好、谋划好、研究好、部署好试点任务。**二是观摩取经开阔眼界。**一方面，我们挑选出一批学历高、肯钻研的博士、研究生，研究美俄战备实战化经验，广泛借鉴，博采众长，开阔眼界；另一方面，在上级机关协调下，前往曾担任过战备工作试点任务的某部学习观摩，采取拍照、视频、采写的形式，着重了解战备库室建设、战备物资管理的标准，日常战备工作组织与实施的程序等内容，强烈的视觉冲击和实力的对比差距，让人醍醐灌顶，豁然开朗，大开眼界。**三是扎实开展法规学习。**我们利用周一、周四晚上时间，组织官兵原原本本、反反复复学习战略工作法规制度，以“浇灌式”“填充式”授课办法，帮助官兵硬性记忆。为辅助官兵消化理解，我们统一圈出重难疑点，以示意图、流程图、挂图等形式，将高深理论通俗化、繁杂图表形象化，强化了官兵认识理解，增强了官兵法制意识，为党委高效推进战备工作试点，夯实了群众基础。

【评析】

这是某单位试点汇报材料的摘选。这份材料算不得好范文，可取之处在于有血有肉，真实呈现了试点活动的实施步骤、实施方法、实施细节等过程，为听众描绘了一幅工作素描，效果明显好于前一个例子。

2. 善于用科学数据来写实

数据是经过调研和实践得出的科学结论，具备较强的指导性和代表性。材料中适当加入数据，往往能将晦涩难懂的道理阐述得清晰透亮、一目了然，让阅读者做到“心中有数”。

原浙江省工商行政管理局局长郑宇民，在一次中国民营企业西部峰会上的讲话中，仅仅引用了几个数据，就将难以用文字阐述清楚的问题解释得一清二楚。

【例 18】

新疆是我国第二大原油产区，天然气产量居全国第一，煤炭储量占全国总储量的 40%，风能资源占全国的 40%，太阳能辐射量居全国第二，新疆是全国重要的能源接替区和储备区。

而浙江是资源小省，从面积来讲，16 个浙江才相当于 1 个新疆，缺电无煤少空间，但是浙江有一个优势，市场主体多、活力充沛，5000 万人口中有 400 万个市场主体，每百人中有 8 个创业者，而新疆每百人中只有 3 个创业者。

【评析】

上面两段文字运用数据对比的手法，将新疆和浙江两地的互补优势表述得清晰直观，既干净简洁，又浅显易懂，把本可能写虚写空的文字，用数据实现了平稳“着陆”。

3. 善于用生动事例来写实

《爱拼才会赢》的作者彼得·古博在书中如此写道：“数据、幻灯片或堆满数字的表格，并不能激发人们采取行动。打动人是情感，而要使人们对你设置的议程产生情感联系，最好的方式便是以‘很久以前’开头。”

彼得·古博这句话启示我们，写文章要善于用故事来阐述道理，实现文字与情感的沟通与连接。

【例 19】

我在北京主要是搞了一个浙江大厦，我经常把浙江大厦当成是一个兰江大厦。建成以后，领导来检查，我进入电梯，开电梯的一个女工朝着我笑，领导说认识你的吗？我说不认识，这个女工说认识，他是我们兰溪的老书记，原来这个开电梯的女工就是兰溪人。她后来跟我讲，在北京工作这么多年，你还是回到兰溪去吧！所以兰溪人对我念念不忘，我对兰溪情有独钟。

【评析】

这段讲话完毕后，全场观众全体起立为讲话人鼓掌，掌声经久不衰。这段文字把容易写虚写空、不易表达清晰的绵绵乡情，用一颦一笑、一问一答完美地呈现出来，巧妙运用移花接木之法，把虚的抽象的情感通过实例实现具体化场景化，最终实现由虚写实的目的。

最后要提醒的是，写作者在选择故事题材时，既要注重突出故事的表层意思，也要注重突出其深层内涵，比如像例 19 的故事，就能够真的打动人、吸引人，实现写实感人的效果。

（三）第三个字：新

季羡林在《没有新意，不要写文章》中这样评论写作：“核心是讲自己的看法、自己异于前人的新意，要发前人未发之覆。”这句话的关键词是“新意”，这里的“新”，是一种前所未有的探索和创新，是一种能够引导人启发人的新观点新思想新做法。但凡写作都不可能脱离季老这一观点，即便公文写作也不例外。

1. 要在观点上求新

观点上求新，就是要在框架设计上求新，也就是在构思与列提纲阶段，从破题上追求创新。

（1）从领导讲话中获取新思路

领导的文件批示、临机讲话、闲言碎语，有时看似非常随意，无关紧要，却往往隐藏着真知灼见，话语中蕴含的新思路新理念，不是一时灵感的闪现，而是深思熟虑后的战略谋划和战术指导。这些信息稍纵即逝，随行人员要当好“有心人”，尽可能从领导碎片化的语言中收集信息，从而启迪灵感，获取思路。

（2）从他人观点中汲取新灵感

要做好两个方向的对比：一是纵向对比，就是同历年来同类材料做比较，以前提过的、讲过的，我们就不能再提再写，即便同一项工作，也要转换视角来观察思考，做到观点上的独一无二；二是横向对比，从网络上收集同类材料进行比照，站在他人的观点上，经过总结提炼升华，获取异于以往的新灵感。

（3）从一线群众中探寻新观点

比如，小桐与小胡同时接到“关于员工自愿报名参加西部建设情况调研”的任务。小桐把自己关在办公室里冥思苦想，根据自己的理解和掌握的信息，把员工自愿报名的原因归结为“思想觉悟高、使命意识强……”小胡与小桐不一样，他认真地逐科室找人谈心，最终得出与小桐截然不同的结论：艰苦边远地区工资高，获得提升概率大；与其被单位强制派遣，不如积极表现……最后，小胡的调研材料被领导采纳。

这个故事启示我们：最鲜活的思路一定来源于最基层最前沿，深入一线的调研和群众朴实的想法，才是获取新思想新观点的活水源泉。

2. 要在事例上求新

材料观点新颖，事例却是往年“陈货”，这种“新瓶装老酒”的做法，不可能让材料出新出彩。我们应当如何在事例上求新呢?

（1）遵循以往鉴来的原则

事例上求新，就是要引用以往从未讲过或很少提及的事例，只有这样才能保证材料出新出彩。怎样才能保证引用事例“新鲜”呢？多向前人古人借鉴，多向传统文化学习，多读多看历史书籍，多掌握历史事件，做到学富五车，便能厚积薄发、一语惊人。

（2）遵循紧贴热点的原则

确保引用事例鲜活有热度，坚持每日读书看报是一个不错的方法。阅读，并不是读花边新闻、桃色故事，而是留意国际国内主流媒体的即时报道，这些新闻的优点在于，内容具有唯一性、真实性和权威性，能增强公文的新鲜感与说服力。

（3）遵循近水楼台的原则

在材料中优先引用本单位的典型人物和事例。通常，材料中涉及的典型多来源于“历史”，虽然这些事例有人人熟知、一触即懂的优势，有很强的说服力，但总给人一种拾人牙慧、味同嚼蜡的感觉。拉近与读者的内心距离，唯有从身边人和身边事中找标杆找典型，才能带给读者看得见、摸得着的亲切感与真实感。

3. 要在手法上求新

这里的写作手法创新，不单单是指文章的表达方式、写作方法、修辞手法的创新，还包括框架设计、词汇选择、写作文风等方面的创新。

（1）转变平铺直叙传统写法

写作手法创新，就是要善于运用议论、抒情、描写等表达方式，托物言志、欲扬先抑、衬托（烘托）、借景抒情、前后照应等写作方法，比喻、排比、列锦、对偶、反问等修辞手法，丰富公文的写作形式，增强公文的吸引力与新鲜感。

（2）转变传统框架结构设计

公文写作常用套路一直遵循着“是什么、为什么、怎么办”的原则，这种逻辑思维可谓根深蒂固。改变框架设计，就是要打破这种套路，向网络热文学习，积极适应“快餐式”阅读习惯，从结论式、答案式、方法论等结构上改革，设计出符合受众需求的材料框架。

（3）转变板着面孔死板文风

网文为何容易成就阅读量10万以上的“爆”文？根本原因在于网文习惯用读者喜闻乐见的语言风格码字，文风清新、接地气，真正做到了走进读者内心，引起读者共鸣，这恰恰是公文最显著的短板。

公文要创新，首要就在观念创新，习惯用群众通俗易懂的、充满乡土气息的“俗话”和“土话”来撰写材料，这样的公文必能闯出一片新天地。

（四）第四个字：简

怎样将8000字的材料压缩为4000字左右？笔者曾帮一位朋友实现过这个愿望。

1. 第一步：为材料“塑形”

笔者在研读朋友发过来的这份材料时发现，虽然材料框架协调稳固，但由于层级太多、纵深太长，为材料的野蛮生长提供了空间，也容易把材料写重写乱写繁写空。这篇材料原提纲如下。

☆☆☆☆工作总结提纲

一、☆☆☆☆（一级标题）

（一）☆☆☆☆（二级标题）

1. ☆☆☆☆（三级标题）

一是☆☆☆☆。（四级标题，下同）

二是☆☆☆☆。

三是☆☆☆☆。

2. ☆☆☆☆（三级标题）

一是☆☆☆☆。（四级标题，下同）

二是☆☆☆☆。

三是☆☆☆☆。

3. ☆☆☆☆（三级标题）

一是☆☆☆☆。（四级标题，下同）

二是☆☆☆☆。

三是☆☆☆☆。

（二）☆☆☆☆（二级标题）

同上

（三）☆☆☆☆（二级标题）

同上

二、☆☆☆☆（一级标题）

同上

三、☆☆☆☆（一级标题）

同上

四、☆☆☆☆（一级标题）

同上

【评析】

从材料原提纲看，层次多达四级，虽然包含信息非常全面，但显得包袱过重，带给读者不好的体验。最后，笔者提出了自己的修改意见：

一是保持一级标题不变，也就是保证材料基本构思与逻辑不变，确保主体不受损伤。如果作者动了一级标题，等同于整个材料都得推倒重来，这样就不是压缩文字这么简单的事情了。

二是对材料提纲做“削骨”手术，也就是减少框架的层级，将三、四级标题进行整合，只保留两级标题即可，让整个材料轻装前行。

材料框架经过整合和简化为两级标题后，字数由 8000 余字缩减为 6800 余字。简化后的提纲如下：

☆☆☆☆工作总结提纲

一、☆☆☆☆☆☆☆(一级标题)

(一) ☆☆☆☆☆☆☆(二级标题，下同)

(二) ☆☆☆☆☆☆☆

(三) ☆☆☆☆☆☆☆

二、☆☆☆☆☆☆☆(一级标题)

同上

三、☆☆☆☆☆☆☆(一级标题)

同上

四、☆☆☆☆☆☆☆(一级标题)

同上

【评析】

为材料“塑形”，最直接而有效的办法，就是改变框架结构，减少层级关系，搭建“短平化”的材料提纲，为读者带来清爽简洁的体验!

2. 第二步：为材料“减脂”

减脂，就是通过各种手段减掉身上多余脂肪的行为，遵循的是“能量守恒定律”。假如在保持能量消耗量不变的前提下，减少能量的摄入量，或者能量的摄入量小于消耗量，那么，减脂效果就会非常明显。

材料“减脂”也遵循着同样的规律：

一是减少“摄入量”。在构思材料的初期，要辨析哪些是中心工作，哪些是配合活动；哪些是重点内容，哪些是次要内容；哪些是个别现象，哪些是普遍现象；哪些是主要矛盾，哪些是次要矛盾……在构思初期分清了重点、主要和中心，就不会在拟制提纲时打乱仗，感觉什么都重要，什么都需要写，搞得材料脉络混乱、前后重复。

二是增大“消耗量”。就是在材料写作过程中，按照构思时设定的框架与素材展开，不再拓展扩散，随意增加观点、内容和事例。正确的做法是，边写边思边对照。我们写作的过程，就是对观点的再次细化、深化、具体化的过程，这个过程可能会出现一些新情况新问题：一些内容变得可有可无，一些事例不具有代表性，一些观点交叉重叠……当发现这些问题时，该删减的要立即删减，该重立观点的要重新提炼。坚持边写边改边思，是有效地减少材料臃肿的“减脂”方法。

为材料“减脂”这一写作技巧，主要是掌握简化的技巧。笔者与朋友探讨修改意见时，建议分四步为材料“减脂”：第一步，把与二级标题观点离得较远的事例进行删减；第二步，把超过 10 个字的长句全部精炼一遍，通通压缩为 6 至 8 字的短句子；第三步，把修饰性和体会性的句子进行简化，只保留主体观点；第四步，把意思相近的句子进行合并。

经过四个步骤的精炼“减脂”，朋友的这篇文章从 6800 余字精减到 5000 余字。（以上四个步骤不仅适用于压缩文字，也是修改材料的常用秘诀。）

3．第三步：为材料“瘦脸”

文章的好坏，与长短无关。文章重点是讲究气势的宏大、意境的深远。然而，一些领导钟爱长篇文章，害怕材料短了显不出自己的才能。所以，写作者为迎合领导喜好，总会有意无意地把材料往长了写。

朋友送来的材料便是如此，由于习惯写长文章，于是每部分的引言都足足有 400 字，四个部分超过了 1500 字。硬生生把材料的“脸”写得浮肿虚胀，毫无生气。在最后压缩阶段，笔者建议删除所有导语，从一级标题直接切入二级标题，减少中间过渡，带给读者扑面而来的豪爽。通过删减导语，材料迅速由 5000 余字减少到 3500 余字。

材料在保证原来观点不变的前提下，经过三个阶段的压缩精炼，最终实现了 4000 余字的目标。经过精炼后的材料，不仅更加符合会议要求，而且提升了材料质量，领导也非常满意。

三、“豹尾”式公文结尾怎么写

公文结尾如何实现漂亮收尾？语文学家夏丏尊给出了标准答案：“结尾是文章完了的地方，但结尾最忌的却是真的完了。要文字虽完了而意义还没有尽，使读者好像嚼橄榄，已经咽了下去而嘴里还有余味；又好像听音乐，已经到了末拍而耳朵里还有余音，那才是好的结尾。”

夏丏尊先生提倡的结尾方式，也是常说的“豹尾”，它应当具备理思路、定目标、激斗志、展未来、表决心、提期望等功能。但从目前一些材料结尾来看，还存在一些常见病症，主要表现为：内容陈旧，观点雷同，循环借鉴，缺乏新意；拖泥带水，七拼八凑，絮叨不休，没完没了；平淡乏味，平铺直推，缺乏激情，欠缺力度；文不对题，东拉西扯，节外生枝，偏离主题。

针对以上症状，什么样的结束语才称得上“豹尾”式结尾呢？

（一）理思路型结尾

就某项工作如何抓、重点在哪里、关键环节如何把握等问题，进行撮要提示与梳理，帮助理清思路，促进工作落实。

【例 20】

各县（区）要加强工作统筹谋划，提前筹划各项准备工作，逐一对照“五个整治”要求，深入调研，认真排查，区分责任，整改工作中的短板弱项，特别是对宣传氛围营造、发动群众举报、线索摸排核查、基层组织整顿等方面，要扎扎实实进行“补课”，确保各项工作落地落细落到位，圆满完成省委、市委部署的专项整治任务。

（二）定目标型结尾

在文章结尾处清晰地指明目标方向，以号召的口吻举旗呐喊，希望听众响应，共同行动。

【例 21】

同志们，我们作为旅队改革的奠基者、开拓者，一定要铭记习主席改革强军战略思想和训词训令精神，一定铭记我们肩负的伟大使命和厚重责任，一定要铭记各级党委的信任重托，传承好“北疆卫士”精神、“国门哨兵”精神、“樟子松”精神，跑好旅队建设“第一棒”，干好旅队发展“第一任”，向改革大考交出优异答卷！

（三）激斗志型结尾

这是很多公文常用的结尾方式。通常采用肯定、鼓励、激励的方法，激起听众士气与斗志，希望大家携手同心，齐力为实现既定目标努力奋斗。

【例 22】

一年来，各级纪委监委和全体纪检监察干部付出了辛勤努力，经受住了各种考验，打了许多硬仗、攻坚仗，应该说，实践证明我们这支队伍是过硬的。习主席在十九届中纪委四次全会上，对纪检监察干部明确了新任务、提出了新要求，希望各级纪检监察干部要忠诚履职、知重负重、苦干实干，进一步提高执纪办案能力和斗争能力，关键时期冲得上去、拿得下来，敢唱“黑脸”，不怕得罪人，做忠诚干净担当、敢于善于斗争的战士，在纪检战线上取得更多成果经验，展示新时期纪检监察干部队伍的新作为新面貌。

（四）展未来型结尾

展望未来，描绘蓝图，是领导讲话结尾常用技巧，目的是凝聚人心，聚焦共识。

【例 23】

同志们，历史选择了我们，人民期待着我们。当前，莒县正处在一个非常关键的转折时期，只要我们认真落实县第十四次代表大会确定的奋斗目标、发展思路、发展战略，解放思想、齐心协力、迎难而上、苦干实干，未来三五年莒县经济社会发展一定会有一个迅猛的增长，城乡面貌一定会有一个翻天覆地的变化，人民群众的生活水平一定会有一个明显的提高，一个崭新的大美莒县已在加速崛起，打造“一强三名”建设富强美丽幸福新莒县的奋斗目标一定会实现！

（五）表决心型结尾

这类结尾通常用于工作报告、表态发言、公开承诺等公文中，要求目标清晰、做法具体，态度诚恳、语气坚决，气势宏大、士气高昂。

【例 24】

我们高兴地看到，通过受援国和国际社会共同努力，目前西非埃博拉疫情有所缓解，但与彻底消灭的目标还有差距。我们将继续发扬连续作战、精诚团结、密切协作、攻坚克难的工作作风，始终践行国际人道主义精神，发扬救死扶伤、不畏艰苦、精益求精、大爱无疆的优良传统，高标准抓好后续援非抗埃工作，善始善终、善作善成，决不辜负国际社会、西非人民和社会各界的殷切期望和高度依赖。

（六）提期望型结尾

拟定蓝图目标，提出切实可行的具体要求，目的是促进工作层次推进，任务圆满完成，目标顺利实现。

【例 25】

各位代表！过去皆为序章，未来无限希望。新的一年，各级党委要大力支持纪委开展工作，全体纪检监察干部要始终做到初心如磐、使命在肩，为推进企业全面建设、实现“双一流”目标提供坚强的纪律保证！

第二部分

常见写作疑难解答

写材料首先要学会看材料

会看材料，不一定会写材料；但是，不会看材料，就一定不会写材料。

看，考验的是经验，展示的是底蕴。看得懂、看得透，是“会看”的具体表现形式，是写作者思维理念、价值体系、知识结构、德智素养的综合运用，更是每位写作者的必修课与基本功！

机关“老笔头”、编辑、领导之所以能慧眼识珠，能鉴别材料优劣，根本要义就在于“看得懂、看得透”。可能有人会对该观点表示不服，一是不服“不会看材料就不会写材料”这样的说法；二是一些写材料多年的朋友，不服自己不会看材料。

诚然，我们或许已具备一定的写作基础与经验，但在“会看”材料这条道路上，往往还存在着一些盲区，如果不信，请往下看！

一、不会看材料的表现

一是把材料看“浅”了。通常表现为：根本态度不端正，认为没有必要看、不值得看；即便看材料，也是走马观花，浮于表面，不深层次思考，不潜心研究；缺乏带着问号看、抱着否定看的意识，以及“看山还是山”的高境界。

二是把材料看“偏”了。看材料失准，不是把注意力放在破题、构思、写作手法上，而是注重材料词句、提纲是否对仗、美观，数据是否好看，事迹是否感人，经验是否新颖……结果把方向搞偏了，贬低了材料的真实价值！

三是把材料看“窄”了。看材料，之所以看窄了，关键在于眼到心未到，缺乏身份、视角、思维的转换，只是片面地站在群众、个人、单位角度看待问题，而没有站在大局、全局、时局、世局上进行战略性考虑，导致思维缺乏高度、宽度、深度，从而把材料看低、看窄、看小了！

四是把材料看“单”了。公文，根本目的是指导工作，促使工作正确、高效运行。现实中，一些人在看材料时，单纯地为秀文笔、秀学识、秀技能、秀底蕴、秀权威而看材料，背离了材料的真正属性，结果南辕北辙，效果不尽人意！

二、不会看材料的原因

一是受经验主义影响。凡从事写作之人，大多读千卷书写千篇文，寒窗苦读 10 余载，至少读书上百册，作文上千篇，在看书写字方面积累了经验，养成了惯性思维。从事公文写作后，自认为行文 10 余载，曾经作文满分、征文获奖、上稿公众号，经验够用、文笔够好、思想够潮，往往忽视了公文与作文的差异、上班与上学的变化，认为看材料浪费时间、精力，非必须、无必要，从内心深处把看材料这一过程看轻了、看淡了、看浅了，习惯性地把老思维、老经验、老方法简单移植到公文之中，结果敝帚自珍，差强人意。

二是受狭隘认知影响。看材料与写材料是一个紧密联系、相辅相成的内在统一的有机整体，有时候就像长跑运动员脚上的鞋子，哪只鞋进沙子都不行，掉哪只鞋都跑不到终点。在公文写作过程中，我们往往把看材料当作借鉴、参考，甚至将原文整段“移植”，并不能把看材料上升到学习、研究的高度，自觉领悟材料思路、内涵、主旨、技巧。这种脱离写作规律的行为，很容易陷入自我、自狂、自大的尴尬境地！

三是受本本教条影响。一些刚入行的朋友急于求成，期望尽快成长为“笔杆子”。于是，买了一大堆写作书籍，买了好几套教程，进了不少素材群，结果是散出了不少“金子”，却没能收获“果实”，到头来“竹篮打水一场空”，还是不会写材料。为什么努力没有结果，付出没有收获？根本原因就在于“病急乱投医”，过于“信书”“唯书”。别人的经验始终是别人的，这种知行不一、学用脱节的行为，往往被“本本主义”“拿来主义”坏了“菜”。

四是受泛化思维影响。公文分类很细，每种文体都有独特的格式与要求。在看材料过程中，很少有人仔细研究公文间的区别与联系，只是按照自己的理解泛化公文格式与标准。比如，有人认为会议记录就是会议纪要的详细版本，有人分不清决议与决定、公报与公告、通告与通报的区别，这就导致有人在办理公文时游离于标准之外，把领导汇报材料写成了讲话材料，把经验材料写成了总结材料，结果辛辛苦苦写了几年材料，却还未能入得了“材料门”。

三、如何正确看材料

开始看材料之前，我们首先要解决两个问题：一个是从哪里选材料的问题；另一个是如何选材料的问题。

（一）从何处挑选材料

网络改变时代，网络改变生活。随意在网页上搜索一个关键词，就能搜到可容纳一家图书馆的资料。虽然网络资源丰富，却常常鱼目混珠、良莠不齐。

究竟从何处寻找有阅读价值的材料呢？一是从传统媒体中找，比如《人民日报》、各省（市）日报、《求是》等报刊，它们常常会刊发一些高层领导的讲话或文章，每篇文章都是千锤百炼后的产物，参考价值非常大；二是从公文自媒体中找，网络中一些排名靠前的公文类自媒体，他们每天会推出一些精心筛选的文章，也具有一定参考价值。

（二）如何挑选材料

挑选材料，应当遵循三个原则。一是能用原则。作为公务员，为了保证持续可靠的输出，必须遵循“拿来就能用”的原则，挑选材料同样如此，应当优先考虑可用性。二是急用原则。俗话讲“缺什么补什么”，优先挑选急需的、能解决日常工作的，比如财政、教育等部门，首先应选择专业对口的材料，而后再拓展其他行业或类型的材料。三是实用原则。实用就是要符合单位实情实况，紧密贴合工作，实现看一篇领悟一个要点、学习一个技巧、掌握一种方法。如果能遵循以上三个原则，至少可以保证把有限的精力投入到紧迫的学习中，确保学习有方向有效果。

解决好“从哪里选材料”与“如何挑选材料”两个问题后，紧接着进入怎么看材料环节。作为公文写作者，究竟该如何看材料呢？

（三）如何看材料

1. 看提纲

俗话说“题好文一半”。提纲凝结着一篇文章的灵魂与精华，提纲里有逻辑、有主旨、有思路，研究提纲就是对作者破题、构思过程的理解与消化，就是对问题的再分析再研究。所以，看提纲关键在于转换思路，换位思考，尝试从作者视角看问题，领会作者构思提纲时的意图、方向与角度。

（1）看观点

一篇材料的质量高低，看提纲就能给出答案。分析提纲，就是对观点进行客观判断，其过程就是从标题中提炼出关键词，然后在网页上搜索这个关键词，如果出现率过高，这属于“地摊货”提纲，可以直接略过；如果出现率低，甚至没有搜索结果，这样的提纲通常具有唯一性，观点往往脱颖突出。

（2）看字数

字数背后有玄机。只有具备一定写作造诣之人，才能灵活自如地控制字数。如果提纲字数相同、词性相近，整体工整对仗押韵，读起来朗朗上口，听起来婉转悦耳，这样的提纲必然吸睛无数，受领导欢迎，材料也必是上乘之作。看提纲时，尽量抱着怀疑态度去赏析，用字数作为衡量标准，久而久之，就能拟制出漂亮对仗美观的提纲。

（3）看逻辑

材料逻辑，是作者贯穿各个观点的“链条”，就像一串珍珠项链，用一条丝线把一个一个零散珍珠串联在一起，这条丝线就是逻辑，就是主线。看提纲，就是要从提纲中提炼出主线，找出逻辑，唯有这样，我们才算真正理解了材料的思想与思路。

2. 看技巧

（1）叙述手法

通常包括时间、地点、人物、事件、原因、结果这六个要素，叙述方式有顺叙、倒叙、插叙、补叙、平叙。但在写作过程中，六要素并非一哄而上，非得面面俱到，更多时候表现“原因、结果”更多些，叙述手法中以夹叙夹议更为常见。因此，在看材料过程中，多问自己几个“为什么”，切忌生搬硬套，掌握从疑问中学习技巧的方法。

（2）表现手法

这是决定材料灵性、活力的重要技巧。表现手法通常包括对比、象征、托物言志、夸张讽刺、借景抒情、前后照应，等等，只要表现手法运用恰当，效果往往超出预期。

（3）修辞手法

通常包括比喻、排比、拟人、对比、夸张、借代、反问、设问、对偶、反复。无论是文学作品，还是公文材料，修辞是文章中最常见的技巧。修辞手法的运用程度，直接关系到材料质量的高低。所以在看材料时，掌握修辞的时机、场合、方法与技巧，对提升公文写作技能大有裨益。

3. 看词句

【例 1】

千忙万忙，没有精准落实就是瞎忙；千招万招，没有精准落实就是虚招；千条万条，没有精准落实就是“白条”。

不让老实肯干者吃亏，不让夸夸其谈者占先，不让投机钻营者得利。

坐而论道的“讲话秀”、议而不决的“问题秀”、走马观花的“调研秀”。

以上看似朴实无华的句子，却道理深刻，观点新颖，给人启迪，引人思考。遇到类似的好词句怎么办？要做到以下“三好”。

（1）记录好

遇到好材料，不仅要逐字学习理解，更要勤于动手记录好。方法一：用剪报记录，把好文章裁剪下来，分类粘贴在剪报本上，这样的记录方式更有真实感，推荐使用；方法二：用笔记记录，把读到的感人句子整段整句摘抄下来，分类记录在不同本子上，遇到词穷时，这些经典句子便是独家秘诀；方法三：用文档记录，采用图片、文字、录音、视频的方式，把遇到的好词佳句保存下来，分类存放于文件夹，方便时存放于网盘，保证随时随地都能阅读学习。

（2）消化好

就是要把记录的东西化为己有。如何消化呢？第一步：死记硬背，把别人的东西硬塞进脑子，哪怕生搬硬套，只要经过时间的洗涤，终能悟其精髓，吸收一二。第二步：大胆试错，将摘录的句子遮盖重要部分，不断填空修改，经过一段时间的训练，便能滋生语感。第三步：转化升华，身临其境地理解作者思路，结合实情提炼升华，真正融入性格特点，打造符合自身气质的知识体系。

（3）运用好

运用，最核心的体现就是将知识转化为成果。如何运用好呢？一方面要注记好，经常回顾记录的经典词句与文章，批注阅读随感，坚持边阅读边思考，最终将纯理论转化为实用技能。另一方面要总结好，采用“方法 + 结论”“理论 + 数据”的学习方法，总结写作规律，研究出符合自身的写作套路。再一方面要对比好，经常把自己文章与收录文章做比较，重点比破题思路、比结构框架、比思想观点、比叙述手法、比行文技巧，从差距中知不足，从不足中补短板，不断提高看材料的转化率。

如何将满脑子精妙想法付诸笔端

细心的朋友会发现，身边“笔杆子”通常具备两种能力：一是透视事件本质的能力；二是用精练文字流畅表达观点的能力。

工作中不乏具有深刻洞察力与创新力的人，他们筹划工作、预测市场、解决困难游刃有余，并且深得领导赏识信任。虽然这些同事优势明显，但是缺点也非常突出，常见现象就是满脑子精妙想法，无法付诸笔端。出现这样的尴尬局面，并不是我们与“笔杆子”之间存在着智商的差距，只是能否用文字流畅表达观点的差距而已。

缺乏用文字表达观点这一能力的根本原因是什么呢？笔者认为：一是内心恐惧写作；二是知识储备不足；三是自觉动手写得太少。

一、恐惧写作

关于恐惧写作，根本原因在于以下三点。

（一）对自身潜能缺乏正确认识

这里有个公式：“笔杆子”= 思想 + 表达。其中，思想观点是核心，文字表达是辅助。很多人已经具备深刻的思想，只是没有尝试过用文字来表达观点，所以被作为辅助因素的文字吓破了胆而已。

（二）对灵感火花缺乏正确感知

观点来源于灵感，往往胜于灵感。灵感是零散的，像火花一样稍纵即逝，如果我们不能从零星的灵感中整合升华出成熟的思想和观点，对写作而言就是徒劳无功的，这也是我们为何谈想法口若悬河、下笔软绵绵的根本原因。

（三）对失败挫折缺乏正确心态

年轻时代的贾平凹，在写作道路上遭受的挫折超过常人。在屡战屡败面前选择以什么样的心态面对，决定了我们牵手成功的距离。贾平凹每次投稿都石沉大海，但他始终迎难而上，终于成为中国当代著名作家，他的很多经典文章被收录进义务教育教材。如果贾平凹当年面对挫折选择退缩，中国文坛将缺少一位文学家。

恐惧就像弹簧，你弱它就强。克服写作恐惧，就是能放弃“利益”，放下“尊严”，迎难而上、勇于动笔，那么，恐惧就会离我们远去，将成功交还于我们。

二、知识储备

手有余粮心不慌，讲的是储备的重要性。对写作而言，也要做到“手有余粮心不慌”。

（一）广泛阅读

这里的“广泛”是相对而言的，并非指毫无目的的阅读。作为公文写作者，阅读是要带有属性的，需要有针对性的阅读。

一要读经典。在这知识混杂的时代，坚持学历史、读原著是公文写作者厚实理论基础的必要途径。

二要学理论。就是要学习先进理论，塑造知识体系；要坚持与时俱进、理论创新；要从领袖讲话中学新思想、新理念、新论断。

三要习新风。转变陈旧作风，打开思想大门，拓宽阅读边界，坚持从百花齐放、百家争鸣的网络文化中，取其精华，弃其糟粕，汲取新锐思想、新鲜观点。

（二）厚实底蕴

新观点、新思想的诞生和迸发，不是“天上掉馅饼”的幸运，而是聚沙成塔、积水成渊后的厚积薄发。

一要善于思考。思考是行为的种子。写作灵感的活水源泉，主要来自思考。高产作家史蒂芬•金，每天坚持写 10 页纸，没有一天不如此。他源源不竭的写作思路与灵感，就是来源于思考的良好习惯。

二要善于记录。莫泊桑初学写作之时，每天蹲在家门口记录车水马龙的场景，经过长期不懈的坚持，终于掌握了大量关于描写人物和场景的写作素材，最终成为世界闻名的文学巨匠。

三要善于倾听。逆境促人成长，倾听成就巨著。《聊斋志异》作者蒲松龄，既是一位写作巨匠，也是一位倾听达人。他曾几十年如一日记录过路行人所讲的故事，终于完成中国古代文学史上的辉煌巨著。

三、动手写

（一）模仿写

记得小时候字写不好，就每天练习字帖，经长期“依葫芦画瓢”的临摹，字体慢慢有了骨架，力道和气势也逐渐显现，模仿得像模像样。

写作同样如此，我们在写作的初始阶段，模仿就是最好的“起跑”。只要坚持不懈地模仿，公文的构思、搭架，以及公文的行文技巧、语言风格等等，都将被深深烙印在脑海，形成“笔尖记忆”。久而久之，写作将由生疏晦涩变得行云流水、水到渠成，变成一种习惯、一种自然反应。

（二）坚持写

俗话说得好：“一天不练手脚慢，两天不练丢一半，三天不练门外汉，四天不练瞪眼看。”这讲的就是坚持的重要性。

英国著名作家狄更斯，每天坚持到街头去记录行人的零言碎语，无论刮风下雨从不间断。最后，他用精彩的人物对话和逼真的社会背景描写，写成了多部经世流传的伟大巨著，成为英国一代文豪。

公文写作的关键在于坚持坚持再坚持，只要日复一日地努力写，只需一年光阴，就能“铁杵磨成针”。

（三）勤投稿

向杂志、报刊投稿是提升写作水平的一条捷径。我们很多朋友认为投稿的起点太高，害怕水平不够，作品入不了编辑法眼，所以不敢或不好意思向杂志投稿。编辑也是凡人，并非豺狼虎豹，很多编辑素养很高，尤其能包容那些勤奋写作的作者，通常会留言给予指点，提出具体修改意见，帮助作者提升上稿率。

投稿，目的是得到专业人员的指导，这既能增强大家的写作自信，保持良好写作习惯，又能从编辑建议中获得新颖思路，写作将获益匪浅。

领受写作任务后不知如何构思怎么办

构思是写好文章的“敲门砖”，如果文章设计巧妙，自然令人耳目一新、眼前一亮。但构思也并非探囊取物，更不是开闸泄洪，它是博览群书、铢积寸累后的厚积薄发。因此，把握构思的脉搏，鸿毳沉舟的积累是前提，蹈机握杼的技巧是关键。关于积累前面已经讲过，这里重点讲一讲技巧。

一、把握好文章的灵魂

公文材料不同于普通写作，不论是阐明观点、讲评工作，还是布置任务、推动落实，随时都要弘扬时代主旋律，引导价值正能量，确保主导方向准确，先进思想突出，政治立场坚定，旗帜鲜明地以中国特色社会主义理论体系和科学的发展的立场观点方法，贯穿文章始终，确保起点高、落点实。

起草材料时，要善于站在全局高度看待具体问题，从一般现象中透析事物本质，切忌就事论事，或见事不见人，见人不见思想。另外，牢记写“好”材料的三点秘诀：一要把上级指示精神弄懂吃透；二要擅长把普遍性要求变成个性化思路；三要善于在上情与下情结合中突显特色做法。

二、设计好文章的眼睛

文章要好，标题必须要巧。眼睛是心灵的窗户，最能反映人的内涵和气质。标题犹如“文眼”，至关重要，如果文章标题太平、太长，兴许读者一看就提不起兴趣，遑论想细看内容了。

什么样的标题才算好标题呢？“一千个观众眼中有一千个哈姆雷特”，不同观众的标准不一样，但笔者以为下面三点应当重点把握：

一要贴切，醒目，生动。三个关键词以“贴切”为要，其次为“醒目、生动”。例如，《习近平：不负青山，青山定不负人》《为什么总有人喜欢出怪题来“吓”小朋友》等等。

二要精短，简洁，干练。就是要让读者一目了然，不啰唆，不拖沓，不打哑谜，少用修饰性长句。比如，《江南生态美，绿意最动人》《绿了草原，红了日子》等等。当然，这并不代表一概反对长标题，该长的也要长。比如，《关于 2017 年国民经济和社会发展计划执行情况与 2018 年国民经济和社会发展计划草案的报告》，这样的标题就短不了。

三要个性，特色，鲜明。关键在于忌似曾相识，人云亦云。比如，《魅力蓉城铺开山水城市画卷》《坚决防止和反对码头文化》等等。

归纳起来，公文类标题体现在三个关键词上：质朴鲜明、抓人眼球、实用性强。

三、构建好文章的骨架

一篇文章不论是大观点，还是小观点，都必须紧扣主题。大小观点之间要虚实结合、相互联系。在框架设计上，要区分清楚哪些是纲、哪些是目。框架逻辑要条理清晰，避免结构紊乱、重复交叉。同时，要尽量避免把两个互不统一的观点放在一个段落里。段落与段落之间前后要能贯穿，确保整篇文章主题鲜明、观点突出，确保大纲小目的逻辑关系准确、先后位置正确。

写提纲一般按照由粗到细，由抽象到具体，由标题到观点，由观点到材料的流程逐步展开。一些重要文章的提纲，要尽量写得详细些，不仅要列出大小观点，还要写出每个观点的内容要点，以便首长和部门领导直观理解、形成共识，这样可以避免多走弯路，提高过稿率。

四、梳理好文章的脉络

所谓“脉络”，就是指文章的逻辑。任何一篇文章不论是统筹全局，还是着眼局部，不论从哪个角度切入、展开，都务必遵循一定的顺序和规律，确保文章“脉络”清楚，一线贯通，行文顺畅。

公文通常按照“是什么、为什么、怎么办”或“提出问题、分析问题、解决问题”的逻辑来写，具体分为二分法、三分法、四分法、五分法等等，具体根据实际情况来确定写法。

比如写调研报告，大都是按照当前现状、原因分析、思路对策的逻辑来展开写，这就是传统的“提出问题、分析问题、解决问题”的逻辑。

比如写年终总结，如果按今年情况、明年任务来写，这就是二分法；如果按今年情况、经验体会、明年任务来写，就是三分法；如果按今年成绩、存在问题、经验体会、明年任务来写，那就是四分法了；如果再把新年度的措施要求专门列出来写，这就成五分法了。

不论文章按什么逻辑来写，都跳不出“是什么、为什么、怎么办”或“提出问题、分析问题、解决问题”的逻辑框架。

材料不吸引人、没人认可怎么办

人与人之间建立有效沟通，至少应满足三大原则：一是换位思考；二是按需供给；三是有获得感。

写作，从本质上来看，就是人与人有效交流与沟通的一座“桥梁”。凡是那些能打动人心、赢得认同的文章，一定是以三大原则为基础、以“见人谋篇”为核心的文章。

一、原则一：换位思考，准确把握对方意图

知己知彼，其实就是换位思考，就是要主动地去了解对方，站在对方的角度思考问题。“了解对方”是战略目的，“如何了解”是战术技巧。对公文而言，了解对方，就是要了解读者个体和身处环境。这样才能做到见“人”谋篇、理解意图。

（一）与对方来一次深入交流

这里的“对方”包含两个层面：一个是上级组织或领导，另一个是群众。这里的“交流”，是指与对象的面对面对话或调研，是现实中人与人之间的思想碰撞。

交流之前，不打无准备之仗，要提前设计好“问卷”，知道问谁、问什么、

重点是什么、疑点是什么，这样才能有重点地“深入”交流。

交流，重点要掌握对象的属性、性格、特点、需求、意图、看法和观点，通过交流把“问卷”问清楚，把疑难点搞明白。深入交流后的材料，将大幅提升“对口率”。

（二）深入学习上级文件精神

上级文件通常都是高屋建瓴，具有战略性的指导意见。写作者平日应加强上级文件的学习，注重先进理论研究，拓展眼界认知，这是准确理解上级意图的基础。

有经验的“笔杆子”在领受任务后，从不忙于动笔，而是先查阅相关文件资料，学习任务相关精神，收集充足素材资源，这些信息往往决定了材料的构思定位和方向。写作者随时保持与领导认知相当的知识与眼界，就能准确领会领导的执政意图。

（三）结合时事任务领会意图

公文具有很强的时效性，很多公文因事因时因势而变。充分领会领导意图，眼睛既要向上看，还要向外看；既要结合上级文件精神，又要结合国际、国内、省内、行业内、系统内的时事、环境与任务，综合衡量把握，评估领导指示提出的时机、背景、形势，准确领会领导意图指向，确保材料在构思时能够一语中的、抓住活鱼。

二、原则二：按需供给，充分考虑受众需求

你不想听，我偏要讲，这属于精神“暴力”。如果你想听什么，我就讲什么，这就是心理“按摩”。

《光明日报》曾刊发了一篇名为《特色教育要“按需供给”》的文章，文中提到一个原则——“按需供给”。文章指出，教育要根据学生的需求“因材施教”，要按照学生的需求设计课本与教学计划，真正实现由“授人以鱼”

向“授人以渔”转变、由“考学”向“树人”转变。按需供给，就是对学生的心理“按摩”，体现的是对学生的充分尊重和以人为本。

材料如何“见人”？脱离“按需供给”就是“自说自话”。文章构思，如果把受众需求放在第一位，尊重他们的主观意愿，了解他们的价值观、学历素质、行业特征、生活圈子、性别喜好等等，真正“对症下药”“对号入座”，这样构思出来的材料，就变得亲切自然，毫无违和感，易于接受。

公文构思，就是要尊重对象，把对象需求融入构思，文章才受欢迎，才能让对象有满足感，这样的写作才是有价值的写作。

三、原则三：有获得感，能说服人、感染人、教育人、启发人

什么样的文章最具价值？笔者的答案是：有知识增量。这个知识增量，就是要让对象有获得感。文字不同于物质，它呈现的是意识形态的观点。因此，通过文字让对象有获得感，就必须有“干货”，让人读完文章后有所思、有所悟、有所得。

马克思认为，理论只要说服人，就能掌握群众；而理论只要彻底，就能说服人。所谓彻底，就是抓住事物的根本。理论围绕的是人，那些能够揭示真相、触动灵魂的理论，最终才能实现以理服人。

比如，《人民日报》刊发的《〈流浪地球〉提升期待的水位》就是这样的文章。文章写道：“既看到长处也看到短板，既不棒杀也不捧杀，才能激励文化产品质量的进一步提升。”“指出电影甚至原著的不足，也给予足够的支持和鼓励，才能让我们的想象力跟着小说、跟着电影一起激荡，迎接中国科幻真正的春天。”

当电影《流浪地球》在全国网民中一片叫好之时，《人民日报》及时发声，客观地指出中国科幻电影的短板。《人民日报》语重心长的呼吁，既是一种鼓励，也是一种期许，更是一种指引。评论文章以新颖的视角、清醒的判断、公正的态度，为读者带来了崭新的认知和观点的碰撞，赢得了无数国人

的认同与支持。

增大文章的知识增量，为受众带来实实在在的获得感，这样的文章才具有价值，才能吸引人、得到认可。

运用“对比法”提高材料质量

“对比法”在公文中应用非常广泛，它能帮助我们准确定位问题，认清差距，找准短板，快速提高写作水平。“对比法”的核心在于“与谁比”“怎么比”“比什么”。具体而言，就是要从材料的“思想、语言、形体”三个层面进行比较，从而达到“意美以感心，音美以感耳，形美以感目”的“三美”效果。

一、与同类材料比——比形体

机关人员或许见过这样的现象，同一项工作因单位不同、领导思路不同、管理方式不同而存在差异，即便是同一主题、同一单位的材料，不同部门的材料内容也会千差万别。这些材料蕴含着不同思想、不同经验、不同做法、不同启示，每篇材料各有优长。

与同类材料比，就是要博采众长，兼容并蓄。具体做法就是，将同类材料汇集在一处，将那些框架结构对仗工整或观点新颖独特的材料单独挑选出来，剔除材料的具体内容，只留下材料提纲（骨架），然后从提纲的破题与构思、寓意与逻辑、平仄与对仗等方面逐一进行对比，也就是所谓的“形体”比较。

对比过程中，注意把握好两个环节：一个是做好笔记环节，把一些新颖的、富有内涵的、有启发性的提纲摘录下来，并注记上阅读理解和思考启示，为以后学习借鉴提供思路；另一个是换位思考环节，就是要养成边读边思考的习惯，比如，为什么别人会这样破题？我为什么想不到？我的短板在哪里？如何解决？经常保持这样的思考状态，对提升写作水平的效果很好。

据笔者经验，凡是能坚持60天类似的对比训练，往往就能有所收获，比如更广的视野、更新颖的思路、更高明的谋略、更实用的技巧等等，长期的对比训练将对我们的写作大有裨益！

二、与领导意见比——比思想

“什么都不会的人才当领导！”这是很多人对领导的定位。这样的评价究竟是对还是错？笔者个人认为既对也不对。对，是在某一专业领域里的比较，领导也许真比不了几十年如一日扎根一线的熟练工；不对，是在领导力、统筹力和协调力层面的比较，基层一线人员肯定不如领导的指挥谋略、思维层次，以及眼界胸怀。

基于这个前提，就写材料这件事而言，也许领导在材料的叙述手法、表现手法、修辞手法方面不如常年手握“笔杆子”的秘书人员。但不能因此就否定了领导对材料的认知力、判断力和辨别力。也许领导在材料局势的把握、观点的呈现、重难点的拿捏、结构的布局、前景的展望方面，超过秘书人员的不止一星半点，甚至已达到我们触不可及的高度。

领导的高瞻远瞩，往往是我们写作的“明灯”。多向领导看齐，多向领导学习；每次被领导退回修改的材料，少些抱怨与抵触，多些真诚与理解；换位思考领导意见的出发点、思路和角度，多问自己几个“为什么想不到”。相信经过一段时间的打磨，写作的层次和水准将得到大幅提高。

三、与经典范文比——比语言

近年来，网络自媒体迅猛发展，很多“老笔头”“笔杆子”按捺不住诱惑，纷纷提笔做起了自媒体，在网络媒体上推送了一大批非常有价值的秘籍心得和经典范文。获取范文的途径很多，有免费资源，也有付费资源。比如，各平台的公文类公众号，它们每日坚持推送经典范文，这些范文通常都有一定代表性。

比语言，就是与这些经典范文中的生动语句进行比较，比如，“形象化”词语：“领头雁”“总开头”“预防针”“高压线”“风向标”“印把子”“比例尺”“坐标系”“放大镜”“同心圆”“公约数”等等。“对偶式”语句：“常与高手过招，多与能人对标”“能力不够勤来补，悟得不透常淬火”“好素质是最好的靠山，会学习是最大的优势”“人在事中练，刀在石上磨”“埋头更要抬头，实干更需巧干”等等。

从生动语句中丰富思想、拓展思路，掌握遣词造句的技巧。如果我们是初学者，随时要携带一支笔、一个本，将看到或听到的好词好句记录下来。当我们遇到才尽词穷、文思枯竭的时候，翻一翻小本子，至少能够解决燃眉之急。如果坚持背记这些经典语句、专业行话，长此以往，就能形成语感，培养出自己的语言习惯。

写作水平为何难以提升？转换思路就有出路

公文写作之所以难，难在怎样“入门”。一些朋友在写作过程中总会遇到这样或那样的难题，比如，找不准入题方向，或者离题千里、逻辑混乱、观点平淡、语句拗口等等，写作水平总在低层次徘徊。笔者推荐本章的公文写作“五法”，帮你转换写作思路，快速掌握写作的规律性技法。

一、要想公文写得好，核心思想找领导

公文作为领导思想的“发言人”，公文质量的好坏直接关系领导的形象与“脸面”。所以，在动手撰写材料之前，最重要的就是要搞清领导想写什么、写多深、写多全、写多长……准确把握领导意图，是决定材料质量的关键环节。

准确把握领导意图，通常分“三步走”：第一步，找到业务主管领导，报告完成材料的具体要求与时间期限；第二步，向上级领导汇报初步考虑与落笔方向，同时征询领导意见建议，摸清领导的主体观点与新颖想法，调整材料落脚点与突破口；第三步，根据领导指示，结合实际情况和自我理解，初步拟制提纲，再次与领导交换意见，确定提纲修改方向与细节。

按上面步骤完成“三步走”，基本就能摸清领导意图，这样写出来的材料修改面不会太大，至少不会全盘否定，推倒重来。

二、要想公文不跑偏，领导讲话翻一翻

领导是谋全局、管全面、抓全域的，他们的思想和观点是材料写作的“风向标”。写作者平日要注重收集领导的讲话、发言、致辞，以及领导参与起草、审定的文件、材料，这对快速把握领导思想主旨非常有效果。要确保公文写作不跑题、不偏向，正对领导“胃口”，就需要养成三个习惯。

习惯一：在领导讲话、聊天时，自己要做好记录，重点记录领导提及的新思想、新提法、新要求、新举措，以及新现象、新问题、新困难。习惯二：做好领导讲话的录音和整理工作。好笔头不如高科技，有些内容用笔和脑袋记录下来很困难，一支录音笔轻松搞定。习惯三：凡是领导亲自经手或审定过的文件、材料，特别是修改过的草稿，要及时拍照、复印、收录，分类存档，逐件做好标识和注记，这些都能为以后写材料提供方向与“参照系”。

三、要想公文写得亮，加强专业有保障

公文材料插入专业术语和数据，既能增强说服力与可信度，又能增加特色与亮点。当材料涉及某些专业数据时，切忌闭门造车、胡编乱造。理智做法是走出办公室，主动向业务部门、专业人员咨询调研，在专业人士协助下完成的材料，相比拍脑袋写出来的材料更接地气、更为真实。具体有三点经验。经验一：专业部门的相关文件或材料要随时收集。经验二：专业数据要及时更新，定期与业务部门核对数据，保证数据的时效性与准确性。经验三：与业务部门建立通联关系，材料中涉及的专业问题，要及时与相关人员取得联系，为公文写作提供专业咨询与帮助。

四、要想公文更顺畅，审核要把领导当

初稿完成之后，如何确保语句流畅连贯、言辞达意？笔者有三点技巧。

技巧一：把自己当成领导。完成初稿后，自己先以领导思维与视角来审视

和通读全文，确保材料有高度、有深度、有宽度。一是要确保公文格式正确，行文简洁利索，让领导看得舒服；二是要保证语句通顺，没有生僻字，让领导念得顺畅；三是要符合领导语感与习惯，让领导读得顺口。

技巧二：把同事当成领导。自己审核完后，请周围同事帮忙朗读全文。选择同事时，要选那些知晓领导习惯的同事，这样才能完成角色的转换。同事朗读材料时，重点关注哪些地方不流畅、哪些词语用得不恰当、哪些句子显得累赘等等，把需要修改的地方一一标注修改。多次重复这一过程，语句便能越来越顺畅。

技巧三：以群众眼光查问题。作者把自己转换为群众身份，归纳分析群众特质，揣摩群众听到或看到材料后的反应，比如，听众对文字的表述、观点的表达、用语的习惯的反应，等等。然后以领导角色修改材料，反复修改语句问题，最终成就一篇受群众欢迎的高质量公文。

五、公文质量要提高，阅读技巧少不了

阅读是一个技巧活。当我们看材料时，应从通读、细读、精读三个层次来把握。

通读，就是逐字逐句、原原本本地读，也是概略性阅读。通过这种浅阅读，尝试去感受和揣摩材料的意境、内涵，搞清楚材料的主题主旨是什么、传达了哪些重要信息、矛盾点和亮点在哪里等等。

细读，就是要边读边思考。重点思考破题技巧、逻辑主线、构架提纲、写作手法等谋篇布局技法。按照好文章“凤头、猪肚、豹尾”的标准，对比不同类型材料的优劣短长，琢磨作者构思的基本章法。

精读，就是要边读边记笔记，还要写体会。遇到自己从未见过或令人眼前一亮的词句、提纲和短语，注意用笔画圈标识出来，阅读完后录入资料库留存，作为参考素材。遇到好词好句和能诱发思考的事件，要及时备注读后感。久而久之，你会发现，自己写材料的水平有大幅提升。

材料晦涩难懂、空洞乏味怎么办

你是否有过这样的经历，你竭尽全力写好的材料，领导却认为过于空洞、缺乏吸引力，这该怎么办？出现这样的问题，通常是作者在写作手法、事例选择、观点挖掘上出了问题。

写作手法太平淡。从头至尾，平铺直叙，无起伏、无承接，无描写、无修饰，就像记“流水账”，没有幸福浪漫的花前月下，只有平淡如水的柴米油盐。

事例素材太乏味。材料的主题、观点、论据缺乏故事性、趣味性，以道理论证道理，用工作辅证工作，既没有纵向的延伸，也没有横向的拓展，味同嚼蜡，枯燥乏味。

思想观点太浅显。就事论事，见招拆招，泛泛而谈，不提炼观点，不升华思想，谈论面上的多，针对某个矛盾点深入挖掘的少，缺乏举一反三的灵性、入木三分的钻劲。

如果街市上的人听不明白诗的意思，那么写了也没有意思。如果厨师做的菜卖相虽好，顾客却不喜欢吃，那么也是白费力气。公文写作同样如此，如果街市上的人不愿听、听不懂，这样的公文也是没有意义的。

街市上的人究竟喜欢听什么样的诗文呢？肯定不会是那些晦涩难懂、呆板枯燥的诗文，而应是通俗易懂、妙趣横生、生动形象、接地气的诗文，这些诗文最受街头百姓喜爱。公文的功能不仅仅是以文辅政，更为重要的是能够指导社会群众的生产实践。所以，公文既要把务实管用放在首位，还要让“街市上的人能听得明白”，这样的公文才具有意义。

如何才能写出街市上的人能听明白、丰满生动的公文呢？

一、学会“秀文笔”

虽然公文要以务实管用为根本原则，但也没有因此而剥夺其对审美的追求。材料中适当“秀一秀”文笔，让原本枯燥平淡的词句生动起来，恰到好处地增强材料的趣味性、吸引力，也是符合公文本质精神的。

毛泽东同志指出：“我们很多人没有学好语言，所以我们在写文章做演说时没有几句生动活泼切实有力的话，只有死板板的几条筋，像‘瘪三’一样，瘦得难看，不像一个健康的人。”并且要求“文章和文件都应当具备这样三种性质：准确性、鲜明性、生动性”。

因此，丰富公文的写作形式，让公文生动起来，具有阅读美感，不仅是领袖的号召，也是我党一贯的主张。具体到公文写作，主要应在三个方面实现突破和创新。

一是在表达方式上，把叙述与议论、抒情等表达结合起来，适当增强对场景和人物的细致描写与说明，让材料更加生动真实。

二是在写作方法上，运用托物言志、欲扬先抑、衬托、借景抒情、前后照应、对比等手法，丰富语言“佐料”，让群众尝到不一样的公文“味道”。

三是在修辞手法上，恰当运用比喻、排比、拟人、夸张、借代、反问、设问、对偶、反复等，打破材料一贯的“瘪三”形象，让材料更加生动、更加立体，更具时代感、吸引力、感召力。

二、学会“讲故事”

严肃严谨的公文能讲故事吗？很多人认为讲故事违背了公文的“公务性文

件”这一定义，其实这是大家对公文的误解。公文不仅能讲故事，而且还要讲得真实生动，讲得群众喜欢听，讲得有启发性、教育意义，这样的“公务性文件”才能算得上好公文。

讲故事，当然离不开素材这个前提。公文的风格虽然总体较为严肃，但如果能在材料中适当加些典型事例，相对教条式公文而言，必然会生动、灵活得多，也更有参照性和指导性。

1949年年初，毛泽东在新年贺词《将革命进行到底》一文中讲了伊索寓言《农夫与蛇的故事》，巧妙地将外国和中国的一些敌对势力比喻为毒蛇，把中国人民、中国共产党比喻为农夫，形象生动地揭示了蒋介石假和谈的虚伪面目，同时把我党面临的复杂局势分析得生动逼真。利用讲故事的方式，不仅让当时的工人阶级看得懂，就是农村的农民也爱听，并且听得明白。

三、学会“剥洋葱”

“剥洋葱”是提炼材料观点的一种常见手法，就是从大观点中，一层一层地剥离，直至亮出绝对观点（或叫核心观点）为止。“剥洋葱”，就是要具备“打破砂锅问到底”的钻研品质，从常见现象中找出别人想不到的新颖观点。

我们以某公职人员上班期间玩手机被群众举报为例。消息经媒体报道后，大家纷纷从管理制度、工作秩序、体系建设等方面发声，批评的声音虽然很大，但效果却不好，因为这些常规套路下的分析，没有触及事件的本质。

套路容易蒙蔽双眼，深入挖掘才能另辟蹊径。当众人都在责怪当事人，忽略当事人内心世界的时候，我们不妨转换下角度，从当事人本身着手调查分析，也许结果会令人眼前一亮。经过深入细致的了解，当事人之所以上班期间玩手机，真实原因是远在异乡的母亲突然生病住院，怀有七个月身孕的妻子正与当事人商议如何回家照料母亲……

脱离表面现象后挖得的新信息，不仅令人眼前一亮，也引领更多人走上了“人性化”的情感路线，纠正了舆论导向，媒体纷纷发言道歉，并将舆论引向了“孝”与“德”的话题上。这样剖析出来的观点，不仅角度新颖，文章也因此变得生动而有内涵。

只要我们敢于打开脑洞，打破常规，善于创新，不断挖掘，就能脱离公文“晦涩难懂、空洞乏味”的束缚，打开一扇通往“笔杆子”的大门。

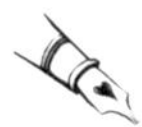

如何把材料写得深入人心

写材料，从来就是一场没有终点的长征，我们始终行走在不断探索而又没有终点的旅途上。沿途没有“黄鹂鸣翠柳、白鹭上青天”的美色，只有一眼望不到边际的孤寂与挑战。每个人的写作之路，都是一次对写作技能的开拓，“身入、心入、融入”成为谁也逃脱不了的砥砺与修炼。

一、身入

小马与小刘同年调进综合办公室。小马普通专科毕业，小刘毕业于一所“985”院校。可有一件事总让小刘百思不得其解，明明自己比小马更努力，甚至为了写材料，孩子生病都顾不上回家，却始终超越不了坐不住办公室、整天喜欢往外跑的小马。小刘的优势非常明显，学历高，科班出身，理论功底扎实，写的材料金句频频、文采飞扬。但同时，他的缺点也非常突出，材料引用数据、事例、做法常常不够“新鲜”，摘不到“沾有露水的叶子”。

而小马与小刘比起来，材料就少了很多文采，但小马的材料里的现象、问题、数据非常有针对性，每个事例、现象都能戳中大家的痛点，揭露的矛盾、提出的观点常能令人眼前一亮，行文手法虽然朴实，却非常接地气，深入人心。

没有调查就没有发言权，“身入”才是写作的宝贵财富，脱离调查研究，写作就失去了灵性与活力。

二、心入

心入，就是要带着真情实感写作，即便是公文也同样如此。走心的话即使再朴素，也能触动人、感染人。领导“掏心窝子”的真心话比起“文学版”的官话，更容易引起听众情感共鸣，赢得群众认可与支持！

但也有人不认同这样的说法，认为写材料是一件非常严谨的事情，是公对公的应用型文体，如果掺杂了个人情感，会干扰政策、制度的落实与执行，让组织或领导丧失权威性、公正性、绝对性。其实，这种认识有些狭隘，也有些杞人忧天。

【例 1】

关心群众的痛痒，真心实意地为群众谋利益，解决群众的生产和生活问题，盐的问题，米的问题，房子的问题，衣的问题，生小孩的问题，解决群众的一切问题。

人民对美好生活的向往，就是我们的奋斗目标。

发展为了人民、发展依靠人民、发展成果由人民共享。

作为一个人民公仆，陕北高原是我的根，因为这里培养出了我不变的信念：要为人民做实事！

上面这些经典语句多次出现在领导的讲话材料中，那些带有真挚情感的讲话，引起了群众的强烈思想共鸣，赢得了群众的广泛认同与支持。

带着真情实感写材料，就是要把自己对信念的坚定、对信仰的坚守、对事业的坚持毫不掩饰地表达出来，用共同的崇高理想追求引起群众情感上的同频共振，这样的材料才是受大家欢迎的材料，才不愧于“好材料”的称号。

三、融入

当下，不少人对公文写作存有误解，把材料文稿都划到了“八股文”的行列。其实，这并不是作风的问题，而是写作方式的问题，也就是写作与“融入”的问题!

革命战争年代的材料，为何总是沾满了“泥土”气息？当时的写作者也是顺应时势，与时代做到了完美融入而已。回想一下，在当时的中国农村，因为贫瘠与压迫、教育资源的贫乏，贫困家庭的孩子们从出生便丧失了接受教育的机会，这成了当时中国农村的普遍现象。在文化如同土地一样贫瘠的农村大地上，红军主动融入农村农民，不讲马克思主义，不讲“十月革命”，只写农民朋友看得懂的标语，只讲群众听得懂的方言，这些主动融入的做法，深入人心，在农村的广袤大地上引起强烈反响，最终形成了红旗插在哪里、群众就跟到哪里的星火燎原之势，这就是“融入”的力量。

因此，“融入”是时代赋予写作者的使命，它因对象的变化而变化。但是，无论对象如何变化，它都是写作者务必遵循的定律。

写作找不到“突破口”怎么办

写作不知从何下笔、找不到头绪怎么办？这样的现象多出现于初涉公文的朋友身上，不是他们缺乏底蕴，也不是他们智商不高，只是他们没有掌握从何处“破题”的技巧罢了！那么，公文写作该如何破题呢？

一、从领导意图中“破”

领导部署任务，有时思路清晰，有时只是一个模糊想法。前一种情况容易处理，无须我们耗费心力，根据领导要求行文就可以了，麻烦的是后面一种情况。当领导只有一个初步想法时，这就意味着领导的意图还没有具体指向。在这种情况下，就需要秘书依据平日对领导的了解和对任务的理解去发挥、去把握。

如何有效“破解”领导的意图呢？在领导只有一个模糊想法时，要尽量与领导多聊，尽量聊得深入些，那么把握意图导向就会更加准确。与领导聊天过程中，不仅要注重“聊”，而且要注重“记”，把领导的一些看似零散、无规律的思想统统记录下，尽量记录得完整全面些，不要放过每一条信息，也许你认为是领导随口一说的闲聊，说不定就是领导想要重点表达的观点。

记录下信息后，就要静下心来分析。首先，将领导谈话精神按类别、主题进行分类；其次，从分类信息中提取关键词，并对关键词的权重进行排序；最后，对排名靠前的关键词提出疑问，从不同角度多问几个“为什么”。这里的“为什么”，不是简单的疑问句，而是与领导换位思考，是对聊天精神的整体把握与权衡比较，是对当前形势的清醒认识与准确判断。

君子之学必好问。写作中多思多问，破解问题就能迎刃而解。

二、从问题列表中“破”

问题是时代的声音。只要树立好问题导向，就能找到破题的“钥匙”。

《人民日报》有很多评论文章之所以能引起社会广泛关注与强烈共鸣，根本就在于具有鲜明的问题导向，抓住了矛盾的主要方面，提出了有效的解决办法。以《人民日报》的一篇评论文章《药品降价和保质并非不可兼得》为例，文章提出了几个问题现象：

1. 药品生产厂家多，流通环节多，集中采购价越招越高；
2. 药品成本低，患者到手价高；
3. 药品靠回扣带金销售，不靠药品质量赢得市场；
4. 国外专利原研药受“超国民”保护。

在以上问题的引导下，群众希望药品“降价”与“保质”完美结合。群众的美好愿望就是文章的主要矛盾，是待解决的“降价”与“保质”之间的“跷跷板”问题，这就是破题方向。

有人说，写文章只要把主要矛盾抓住了，观点自然就出来了。《药品降价和保质并非不可兼得》这个例子，就是先列问题清单（例子中的四个问题现象），再由问题清单引出主要矛盾（群众希望药品“降价”与“保质”完美结合），从而实现破题。

问题中隐藏真相。列问题清单，坚持问题导向，是材料破题的常用办法。

三、从思维角度上“破”

破题，破的是思维定式。小刘曾参加过一个写作培训班，经过两个月培训，看着其他学员笔杆子越来越硬，小刘心头非常焦急，于是询问导师：“为何我总是找不到破题思路呢？”导师没有过多解释，只是在白纸上画了一个圆，问小刘：“你能从这个圆看到什么呢？”

小刘看了半天，百思不得其解，心想：这有什么好看的，不就是一个圈吗？于是，很不高兴地回答：“除了一个圆圈，没有其他的呀！”

导师也不急，接着问他：“你尝试从这个圆上联想一下，能想到什么？”小刘试探性地回答：“甜甜圈？西瓜？篮球？”

“对，回答得很好！其实我们看到这个圈，除了能联想到与圆相似的篮球、西瓜之外，还可以从圈背后的白纸上产生联想，比如天空、幕布、窗帘等等，这就是发散思维，也是其他人超越你的真正原因！”导师语重心长地说。

小刘的事例启示我们，真正阻挡我们的眼界向前延伸的不是遮挡物，而是禁锢着我们的思想。只要思维能够无限发散，眼光就能无限穿梭远行。

写材料也是同样的道理。办公室同事小北撰写讲话稿《新时代党员干部要有新担当新作为》，不注重从党员干部当前现状出发，不考虑社会主流价值观、经济环境、福利待遇、政策制度等因素对党员干部产生的影响，始终跳不出“新时代新担当新作为”的影响。最后小北尝试从“党员干部”这个关键词入手，从而总结出当前党员干部队伍中存在的“洗碗效应、破窗效应、青蛙效应、马太效应、头雁效应”等问题，这些观点正好是领导想要讲的、总结提炼的“五个效应”，领导非常赏识认可。

公文破题，既要坚持实事求是，更要培养联想和发散思维。当我们勇于打破思维界限，必将看到更大的世界，迎来更顺畅的写作生涯！

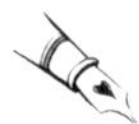

公文写作务必提升的“三种能力”

一天，老胡正与大家围坐在一起喝茶聊天。办公室小宇突然凑了过来，打断话题，向老胡请教：“主任，您在公文写作上有什么秘密技能吗？”老胡听完小宇的提问，用奇怪的眼神看着小宇，搞得年轻同志茫然不知所措。

大家特别能理解老胡心中所想，写作没有什么绝招，除了苦练勤学，从无捷径可走。老胡没有直接点明小宇的急功冒进，而是从办公室发展的角度，对小宇说：“秘诀没有，但提高写作需要培养三种核心能力：一是纵观全局的能力；二是刨根问底的能力；三是想象创新的能力。你慢慢领悟吧！”

常言道：“外行人看热闹，内行人看门道。”老胡提到的三种能力，看似平常道理，实则蕴藏着一名“老笔头”对写作的深刻体悟与认知，非常值得初入材料行的新人们揣摩学习！

一、纵观全局的能力

纵观全局，其中既包含站位的问题，也涵盖了视角的问题。

日本作家水上勉曾说过这样一句话：“人也活在一粒梅干上，有许多珍贵的东西。”一粒小小的梅干，在水上勉老人的眼里，不仅仅是纯粹的干瘪咸甜的梅干，还包含了那些曾经逝去的美好回忆，与家人腌制梅干时的种种乐趣，以及朋友品尝梅干时蕴含的友谊……

跨过事物表象，不被事物本身束缚，不把思维停留在“一粒梅干”上，这是一种可贵的能力，也是写作必备的纵观全局的能力。

那么，如何培养纵观全局的能力呢?

（一）提高站位

站位就像爬山，想体会到“会当凌绝顶，一览众山小”的气势与魅力，就必须有站在泰山之顶的眼界与胸怀。

写材料与职务高低关系不大，关键是写作者能够不被眼前景象限制，能够转换立场去思考和把握问题。比如，我们要写市级的工作报告，就要尽力站在省级高度去权衡考量，这样写出来的材料才有高度，才不会让人觉得你只盯着自己的一亩三分地。

（二）辩证思考

在分析问题时，我们要把事物一分为二地看、发展地看、矛盾地看，这样才能让人觉得你的战略思维很强，看问题透彻全面。辩证思考通常遵循“五既五又”规律：既看个体，又看整体；既看本级，又看同级；既看正面，又看反面；既看当前，又看将来；既看特点，又看规律。

比如，某单位剖析安全事故原因，分别从组织领导、责任分工、机关职能、安全意识、文化建设、安全设施、制度规定、管理秩序等层面进行分析，其中有大有小，有正有反，有破有立，有硬有软，有分有统，让人感觉问题研究深入，分析透彻全面。

（三）透视本质

透过一般现象，总结出普遍道理与规律，揭示问题的根本与本质。通俗地讲，就是要通过数据分析或复盘推演，把真实诱因分析清楚。

比如，某单位在分析安全形势时，把近10年来全国所有安全事故进行汇总，按照事故类型、事故等级、损失大小，以及事故时间、地点、性质、特点等因素，进行了云数据分析，并绘制了常见事故预防曲线图，准确计算出事故常发、易发的时间区间、事故人群的特征与规律，为有效预防同类事故发生提供了遵循依据与参考，也为写作相关材料提供了科学的数据支撑。

二、刨根问底的能力

刨根问底，更多时候体现的是一种精神，一种勤于钻研、好学求真的精神。对材料的刨根问底，就是要探索事物的真相，触及问题的本质，要像“解剖麻雀”一样去了解问题、分析问题、解决问题。

诺贝尔化学奖得主李远哲说：“要有追根究底、毫不妥协的精神，无论生活或研究工作都必须非常认真，要打破砂锅问到底。”公文写作也相当于做研究，也应当具备“追根究底、毫不妥协”的精神。培养“打破砂锅问到底”的精神，需要从下面三个方面着手。

（一）塑造逻辑思维

逻辑思维，在公文中通常指的是文章构思，主要体现在文章的结构上。培养逻辑思维最直接有效的办法，就是经常分析材料的结构提纲。

比如，《求是》杂志刊发了一篇题为《世界经济延续弱复苏 下行压力明显增加》的文章，提纲为：

一、世界经济总体形势

二、2019 年世界经济运行面临的主要风险

三、世界经济中长期发展趋势展望

这组提纲展示了什么样的逻辑思维呢？

“世界经济总体形势”，通过分析世界经济形势，指出世界经济发展存在的问题，也就是常讲的“发现问题”。

“2019 年世界经济运行面临的主要风险”，分析世界经济问题现象，指出问题背后的原因，也是世界经济面临的风险，这一部分就是常讲的“分析问题”。

“世界经济中长期发展趋势展望”，这一部分是对世界经济发展形势的预判和估测，提出与之相应的对策与建议，这是常讲的“解决问题”。

“发现问题、分析问题、解决问题”，这既是一种问题导向，也是一种逻辑思维。经常以这种逻辑去分析判断问题，久经锻炼，就可以培养出强大的逻辑思维能力。

（二）探索普遍规律

万事万物都遵循着有因必有果这一规律。通常情况下，能寻到“果”，顺藤摸瓜就能找到“因”。

比如，某企业出现员工自杀事故，这就是所谓的“果”；经相关部门调查，导致事故发生的直接原因是负责人辱骂殴打员工，间接原因是单位对下属缺乏人文关怀，重要原因是单位管理方式简单粗暴，核心原因是管理层法规意识淡薄，这就是诱发事故的“因”。

写作也是同样道理，通常情况下，都是先出现问题这个“果”，然后根据问题来倒推诱发“果”的问题原因。倒推问题原因的过程，既是材料“刨根问底”的过程，也是层层接近真相、探索发展规律的过程。

（三）扫清内心障碍

作为公文写作者，应当具备这样的认识：我们代表的不是某一个人，也不是某一个小团体，而是一个单位、一级组织、一届党委，特别是政府公文，代表的是党的形象和人民的根本利益。

因此，撰写材料要跳出个人的“小圈子”，少打个人“小算盘”，尽量站在领导、组织、单位，甚至要站在国家、人民、人类的立场高度来考量问题，保持一心为公、执笔为民的健康心态，才能拥有刨根问底的胆识与担当。

三、想象创新的能力

想象创新的能力是本章三种能力中最重要、最核心的能力。如果大家希望在写作道路上能有所成就，那么培养想象创新的能力就是在为写作注入生命力。

（一）抛弃模板

借鉴模板，有利有弊，弊端在于他人的思路限制了我们的想象力，无论出于懒惰，还是潜意识作用，我们的文章或多或少都会掺杂着借鉴的“影子”。

有经验的“老笔头”通常在受领任务后，不是找模板求借鉴，而是按自己的思路拟制提纲撰写观点，然后与模板做对照，只要模板讲过的、提过的、涉及过的观点，统统排除掉，剩下的才是堪用的。

（二）跳出自我

“别用你的狭隘认知来评判我的世界。”存在狭隘认知的观点，原因就在于眼界限制了我们的想象。张国立在演《1942》时对刘震云说：“你给我写的词太多了，人在饥饿时是不想说话的。”刘震云一愣，说：“我是在吃饱的时候写的。”刘震云之所以体会不到饥饿时的状态，就是因为他没有跳出自我，去真实感受饥饿的状态。

写作要避免掉入刘震云的“坑”，就要把眼光向外扩，横向要看得到边，纵向要看得到底，尽力达到“忘我”的境界，时常跳一跳，这样写出来的材料，才够真实和创新。

（三）深入调研

公文材料如果符合受众“胃口”，必然受到领导与群众的欢迎。

那么，如何了解受众“胃口”呢？最直接的办法，就是要深入受众群体深入调研，了解他们的真实需求与心态。只有掌握第一手资料，才能写出鲜活的受欢迎的材料。

如何写好心得体会

心得体会，是主体对客体的认知和感受，从而形成主体的体会、经验和感悟。心得体会的主体是人，主体发生变化，心得体会也会因人而异，呈现百花齐放、争奇斗艳的景象。这种景象仅限于内容和形式上的变化，而心得体会的写作基本原则和方法则万变不离其宗。

一、心得体会的标题怎么写

心得体会标题常见有两种写作形式。

一种是单标题型。常见格式为“事由＋体会（思考、认识）”，比如《学习焦裕禄精神的几点体会》，也有“介词＋事由＋体会（思考、认识）”，比如《关于促进国家生态环境治理现代化的思考》。

另一种是主副标题型。主标题注重写作手法上的变化，常用比喻、对偶、联想、顶真等修辞手法，让主标题更显文学性，更加唯美，更加新奇，往往能带给读者无限遐想空间。副标题可直接使用单标题型写作方法，从词性上看，相对简单、直白、朴实些，常见格式为“介词＋事由＋体会（思考、认识）”，比如《等闲识得东风面，万紫千红总是春——“践行群众路线、总结支部工作”活动心得体会》《每次心灵的碰撞都会有回声——学习社会主义核心价值观心得体会》《质量强国梦：四个层面的建构——对质量强国梦的学习与思考》等等。

二、心得体会的导语怎么写

导语是连接标题与正文的桥梁，主要起到引题和过渡的作用。心得体会的导语格式较为固定，往往由“入题引语 + 概要总结 + 承转过渡”三部分组成。

（一）第一部分：入题引语

心得体会入题常用三种方式：

1. 直接引语式入题

直接引用名人名言或某人的某句话作为入题导语。直接引语的优势在于，能够保持原汁原味，让人感觉身临其境，带给人强烈的代入感、真实感。比如《凝榜样之“魂”，铸为民之“根”》这篇心得体会中，导语是这样入题的：“‘好的榜样，是最好的引导；好的楷模，是最好的说服。’近日在央视热播的专题节目《榜样 3》，通过先进代表访谈……”作者就是直接引用了《榜样 3》中的原话作为导语入题，增强了文章的信服力。

2. 回顾式入题

这种方式是对事由的过往进行要点回顾，从而引出文章主题。比如《炼榜样光芒，明人生方向》这篇心得体会中的导语写道：“近日，由中共中央组织部、中央广播电视总台联合录制的《榜样 3》在各地市引起强烈反响，榜样中的每个人物都来自不同领域、在各自的岗位上发光发热……”原文中这段话，就是通过对过往的一种回顾总结作为入题方式。这种入题方式的优点在于，能帮助读者回顾全貌，更好理解体会主旨和思想。

3. 感悟式入题

通过谈认识、感悟作为入题方式，比如《榜样指引我们前进》这篇心得体会，它的导语写道："榜样，是我们一生中每个阶段都必不可少的路灯，照亮我们前行的道路。我们的时代需要英雄，也需要榜样……"这是作者对"榜样"的自我认识与体会，也是心得体会常见的入题方式。这种方式入题的优点在于，通过深刻且具有震撼力的观点快速抓住受众的眼球和内心，让受众乐意看下去、听下去。

（二）第二部分：概要总结

对事由的起因、经过、结果进行概要阐述和介绍。"撮要点"是写好这一部分的诀窍，具体而言就是要克服雨露均沾、面面俱到，可以着力于某个要点、某件事、某个人，甚至可以细微到人的某点品质进行总结提炼，而后得出要点式的结论。比如心得体会《凝榜样之"魂"，铸为民之"根"》中的导语写道："通过先进代表访谈、典型事迹再现，展现了共产党人不忘初心、牢记使命的执着坚守，彰显了共产党人信仰坚定、心系群众、勇于担当、创新奉献的精神风貌。"其中的"展现了""彰显了"就是对《榜样3》纪录片主旨内涵的高度提炼和总结。

（三）第三部分：承转过渡

通过场景的转换或主旨的承转，由客观现象转入主观思考，这一部分的要义在于承转顺畅、过渡自然，不留一丝痕迹。比如《凝榜样之"魂"，铸为民之"根"》中的导语写道："一面旗，一群人，一段路，又把我们带回到红船停泊的码头。97年前，一群年轻人就在这个码头登上红船，从此开启了一段传奇的旅程……他们无私拼搏、默默奉献，犹如大海中的一朵朵浪花，好似银河中的一颗颗星辰，把青春洒入祖国的江河，把光辉融进祖国的星座，谱写了一曲曲共产党员不忘初心、牢记使命、担当奉献的时代赞歌。"作者从97年前写起，随着时间缓缓流逝，顺畅过渡到21世纪"不忘初心、牢记使命"这个时代主题。

三、心得体会的正文怎么写

心得体会的应用范围非常广泛，按任务属性分，可分为三种。

第一种是学习体会。通常是指在组织领袖讲话、政策法规、文件精神的学习培训中，经过系统学习，以心得体会的形式，阐述自己对学习内容的背景、意义、内涵以及新思想新理论新论断新要求的认识、反思、体会和感悟。

第二种是工作体会。是指对工作的复盘、思考和总结，对工作规律、特征的探索。工作体会重点阐述工作中的收获和启示、经验和教训，以及对未来工作的实践指导等等。

第三种是读书体会。主要对书籍中印象最深刻、最有启示的章节和知识点进行总结、提炼，并结合实情实况，转化为指导生产生活的经验和方法。

无论哪种类型的心得体会，写深写活均要遵循以下四个原则。

（一）善用修辞原则

心得体会如何写深写活？要么在思想深度上挖掘，凭借新颖观点增色添彩；要么在写作手法上取巧，凭借非凡文采吸人眼球。这里重点谈写作手法上的取巧。鲁迅说：“作文的人，因为不能修辞，于是也就不能达意。”意思是说文章不加入修辞，就会像一杯白开水，不仅不能准确表达内心想法，更无法将文章写得鲜活。修辞，往往充当“魔术师”的角色，具有化腐朽为神奇的力量，为读者带来意外惊喜，赢得称赞与掌声。

比如《凝榜样之“魂”，铸为民之“根”》中的四个标题：“一、誓言是石，敲出星星之火。二、实干是火，点燃熄灭的灯。三、坚守是灯，照亮夜行的路。四、担当是路，引我们走向黎明。”分别使用了比喻、回环、对仗的修辞手法，将“誓言、实干、坚守、担当”等意识形态“务虚”的词语，用“石、火、灯、路”等生活中常见的实物来具体化、形象化，由虚转实，虚往实归，增强了读者的真实感。特别是回环、对仗两种修辞手法，让原本零散的标题环环相扣，前后呼应，令文章结构严谨，引人注目。

（二）巧于表达原则

写作的表达方式分为记叙（叙述）、议论、抒情、描写和说明。心得体会不如应用文那么多条款限制，写作方式比较灵活，个人喜好什么就写什么，既可以写纯粹的记叙文或者夹叙夹议的议论文，也可以写成抒情的散文，甚至可以写成诗歌和戏剧。

通常情况下，心得体会采用夹叙夹议最为常见。用夹叙夹议的表达方式撰写心得体会，需要处理好“三要”。

1. 叙述要前后连贯

无论事例或观点，在叙述时要始终保持前后关联、一脉相承。即便叙述中出现跳转，或对象发生改变，也要保证围绕一个中心、一个主题，不能各自为政，自说自话，前后矛盾。

2. 观点要前后统一

任何文章都是由大小观点组合而成的，通常小观点服从并服务于大观点，大观点服从并服务于中心思想，一级服从一级，一级指挥一级，上下保持紧密联系。既要保证各个小观点之间的一致性，前后不矛盾、不对立，也要保持前后各个大观点层次分明、逻辑清晰。比如，文章的中心思想是“随地吐痰是不对的”，但在小观点中分析时，却提出“如果忘记带纸巾难道要吞回去？”的观点，这就出现前后观点不一致的情况，这种文章在设计上就是失败的。

3. 论据与论点要前后关联

夹叙夹议中的“叙”是论据，“议”是论点。通常情况下，文章论据是服务于论点的，但就夹叙夹议而言，却有所不同：往往由叙主导了议，议反过来为叙服务；议只是叙的总结提炼和拓展思考，是对蕴藏于叙中内涵和意境的浓缩与升华，议的观点不仅要与叙相关联，而且要服从并服务于主题。

比如心得体会《榜样指引我们前进》一文中写道：“榜样赵忠贤，超导院士，知识报国，带领科研团队奋战一线，推动中国科研事业日益升腾。在这些榜样的身上可以看到，‘实力’是发展最强的‘战斗力’，是强大最好的‘支点’。当代党员干部应用心感悟榜样的力量，多学、多看，多想、多问，积累经验，学习方法，不断提升自身‘实力’，努力做用活政策的‘百事通’、强化业务的‘内行人’、熟悉基层的‘知心人’、解决难题的‘真帮手’，在风雨中从容‘亮剑’。”作者从院士团队知识报国中提炼出“实力”这个观点，“议”的观点准确揭示了“叙”的深层内涵，两者一线相牵，紧密关联在一起，让人感到论据很鲜活，观点很鲜明，印象非常深刻。

（三）联系实际原则

无论哪种心得体会，如果不联系实际，不回归生活，就是“风中柳絮”“水中浮萍”，站不稳，立不住。

1. 与主观想法相连

随笔是记录自己见闻、行事或感想的一种文体，它的题材来源于实际生活。学写随笔的第一步，就是体察、玩味自己的生活，从自己的生活中做种种发掘。心得体会与随笔非常相似，也是对自己的认知与思考、理解与判断、感悟与启示的记录，将自己的真实想法付诸笔端，这样的体会与实际的联系就非常紧密。

2. 与社会现象相连

从领导讲话、工作问题、书本理论向社会现象延伸，引出对社会种种现象的讨论，这是一种由此及彼、由小到大、由点到面、由内向外发散性思考的过程。这一过程既可以从国际、国家这个宏观层面入手，也可以从身边人、事这个微观层面着手；既可以从正面加油打气，也可以从反面严厉批判……无论从哪个角度或层面挖掘，都能够真实反映社会现象，这样的体会有观点、有案例、有思考、有感悟，就会非常接地气。

3. 与客观规律相连

以自然规律、社会现象、人文法规和人情世故等为参照物，将学习、工作和书本中的理论或观点与之对比，判断哪些符合参照体系，哪些违背客观规律，从而得出正确结论。这一对比过程，就是联系实际的过程，这样的体会会更加公正客观，更具有现实意义。

（四）火力集中原则

“万绿丛中一点红，动人春色不须多。”写心得体会时，切忌包罗万象、面面俱到，不要看到一地珍珠，就想一把全抓过来，这样反而什么都抓不到。提笔时，感觉什么都重要，什么都想写，有说不尽的话，但真正写起来，又感觉写不全、写不深、写不透，最后让人感觉写得浅、写得乱。集中火力，就是要集中笔力于一点，力争把一个小问题想清楚、想透彻、想深刻、想具体，这样才能把体会写深刻，写出亮点、写出特色。

四、心得体会的结尾怎么写

心得体会的结尾与其他公文一样，有概括式、展望式、号召式、期望式、决心式等多种结尾方式。无论以哪种结尾方式，均要符合“快、简、jing、新”的要求。

（一）“快”

“快”，就是“快速”“快捷”。具体而言就是避免长篇大论，正文已经阐述清楚的，在结尾处就不要再重复絮叨。感觉没有写完、没写清楚的观点，也不要直接放在结尾处，可以在正文进行补充或完善。即便回顾要点，强调效果，也应直奔主题，不绕弯子，不走岔路，走直线，拐直角，快速表明意图。

（二）“简”

“简”，就是简练、简洁，简明扼要。结尾处能用短句就不用长句，能一句表达清楚，就不再画蛇添足，不要为凑篇幅而重复观点重复议论，更不能东拉西扯，不知所云，只需用简短文字表明意图即可。

（三）“jing”

“jing”，就是要精炼、经典、惊艳。精炼，就是对要点进行撮要，对观点进行提炼，对思想进行升华；经典，就是总结醍醐灌顶的经典句，提高语言的站位与层次，令人扼腕感叹，自愧弗如；惊艳，就是用好词佳句美化语境、点缀观点，让读者感受到中华语言的魅力与美感。

（四）“新”

“新”并非标新立异，而是在回应主题、升华观点时，用新思想、新语言、新的表达方式装饰结束语，带给受众感官上的新体验，加深受众印象，启迪受众思维。

第三部分

经典范文实战评析

【调研报告类】

范文一：《关于北京、广东开展城市生活垃圾分类处理情况的调研报告》

调研报告是公文的重要文种之一，在标题拟制上也有自己的风格和特色，它的标题通常有以下四种写法。

1.“事由＋文种”类标题

比如《关于规范拆迁秩序、推进“裁执分离”的调研报告》《中国农村义务教育发展报告》等等。范文一的标题是由“北京、广东开展城市生活垃圾分类处理＋调研报告”组成的，前半部分为“事由”，后半部分为“文种”。

2.“正＋副”标题

比如，调研报告《关注民生，加快养老机构健康可持续发展——以兰州市养老问题调研为基础的探讨》，其中“关注民生，加快养老机构健康可持续发展”为正标题，“以兰州市养老问题调研为基础的探讨”为副标题。

3.叙事性标题

比如，调研报告《满足大众体育服务需求，提升公共体育服务水平》《一个集体和一个孤儿的42年》，两个均是以叙述事实为主的标题。

4.疑问式标题

比如，调研报告《“人情债”何时了？》，该标题提出疑问，让读者带着问题入题，这样的标题比上面三种类型更具有吸引力。

6月19日至28日，我们赴北京、广州、深圳对城市生活垃圾分类处理情况进行了调研。现将有关情况报告如下：

【评析】

调研报告的前言与其他文种不一样，尽量避免无谓的铺垫，简明扼要地入题最为常见。通常情况下，调研报告的开头需要体现时间、地点、对象、范围、经过，以及调研的方法、调研的对象、调研的结论等要素。当然，这些要素并非要一一体现，有些只需体现部分就可以了。调研报告的前言写作方法除了本范文的平铺直叙之外，还可以设置悬念、伏笔、对比、铺垫等，不论哪种写法，一定要紧扣主旨，紧紧围绕主题来展开。

随着我国城镇化进程的加快，城市生活垃圾产生量与日俱增，2012年达2.5亿吨，但垃圾处理能力严重不足，三分之二的城市面临“垃圾围城”的困境。为实现垃圾处理“减量化、资源化、无害化”，从2000年起，北京、广州、深圳等地开始试点垃圾分类处理。经过14年的曲折探索，三地结合本地实际，在实践中形成各具特色的做法，取得初步成效。

【评析】

引言的目的是承上启下、顺畅过渡；要点是清晰简明，统摄全篇，或者管理一片。引言常用“因果”写作法，就是“因为……所以……”的结构。但在写作过程中，通常会省略“因为”“所以”这些词，把因果关系隐于字里行间。以这部分的引言为例：“随着我国城镇化进程的加快，城市生活垃圾产生量与日俱增……三分之二的城市面临‘垃圾围城’的困境”，这就是推行垃圾分类的缘由。“经过14年的曲折探索，三地结合本地实际，在实践中形成各具特色的做法，取得初步成效。”这就是推行垃圾分类的结果，这种因果写法既与“做法与成效”这个标题相符，也为引出下文做了铺垫。

一、做法和成效

【评析】

主体是调研报告的核心，它既是前言的引申，也是结论的依据。主体部分重点是要展示调研的过程、真相、收获和教训。因此，简明扼要地呈现调研过程与结果，让读者一看就懂，通常有三种逻辑结构值得借鉴。

1. **递进式**

按照起因、经过、结果的顺序依次呈现调研的全过程。在报告中通常以“发现问题、分析问题、解决问题”的问题导向来展开，以时间的节点或事件的发展为主线，带给读者一种清晰明了的感觉。

2. **并列式**

围绕同一个中心，从不同角度、方向、领域展开，各部分之间不存在主次之分，相互并行互不干扰，但又不能脱离中心独自游离。比如，范文一就采用了典型的“并列式”逻辑，在调研垃圾分类做法和成效时，从“北京、广州、深圳”三个不同地域并行展开调研，虽然收获的结论不同，但始终都围绕着“做法和成效”这个主题在展开。

3. **综合式**

综合式是并列式和递进式的综合运用。常见的模式有两种：一种是一级标题以递进式为主，二级标题以并列式配合；另一种是一级标题以并列式为主，二级标题以递进式配合。

（一）北京通过垃圾分类处理，探索循环利用“城市矿产”。近年来，北京市大力推进居民小区生活垃圾分类达标试点工作，指导居民将生活垃圾分为可回收物、厨余垃圾和其他垃圾，并建立起垃圾分类清运系统，为实现垃圾分类处理打下基础。目前全市已有2927个小区分类达标，占总数的61%，计划明年达标小区比例达到80%。与此同时，北京市将生活垃圾当作“城市矿产”，规划建设若干高标准循环经济产业园区，提高垃圾资源化利用水平。比如，鲁家山循环经济产业园集垃圾焚烧、餐厨垃圾处理、废弃油脂处理、废玻璃处理等12个项目于一体，全部项目建成后将解决北京市三分之一的生活垃圾处理问题，园区产值超过20亿元。目前园区已建成亚洲规模最大的垃圾焚烧发电厂，年处理垃圾100万吨，发电3.6亿度、供热34.9万吉焦。

【评析】

调研类、经验类报告的正文最常用“做法+成效”的写法。这种写作技法简单、逻辑清晰，便于读者理解，容易引起共鸣。上面这段就是典型的“做法+成效”式写法，也与一级标题“做法和成效”密切呼应。“北京市大力推进居民小区生活垃圾分类达标试点工作……为实现垃圾分类处理打下基础。”这讲的就是“做法”；“目前全市已有2927个小区分类达标，占总数的61%，计划明年达标小区比例达到80%。”这是前面的做法产生的成效。为了证明“达标试点”做法的成效，文章还以“鲁家山循环经济产业园”为案例，增强了“达标试点”做法的说服力。

（二）广州通过发动全民参与垃圾分类，缓解“垃圾围城”。因公众抵制垃圾焚烧厂，广州市80%的生活垃圾采取填埋方式处理，到明年5月，最大的兴丰垃圾填埋场就将填满，“垃圾围城”恐将成为“垃圾埋城”。针对日益紧迫的形势，广州市全面推进垃圾分类，倡导居民做到“能卖拿去卖，有害单独放，干湿要分开”。**一是强化政府部门责任**，在城管委专门设立垃圾分类管理处，将垃圾分类列入政府工作考评，实施“以奖代拨”，调动各区积极性。**二是形成政府、社会、公众共治合力**，在街道、社区建立垃圾分类指导员和志愿者队伍，聘请社会公众和技术专家代表组成公众咨询监督委员会参与相关决策。**三是广泛宣传动员**，制作公益广告、编发宣传海报、出版科普教材、开展“全球问计”活动等，不断强化市民支持、承诺、践行垃圾分类的意识。经过各方努力，去年生活垃圾增长率同比下降 2.64 个百分点；市民还逐渐改变了对新建垃圾焚烧厂的态度，从抵制到接受，目前规划和在建的垃圾焚烧厂有 4 座。

【评析】

“垃圾围城”在本段中起到统领主旨的作用，全段紧紧围绕这一关键词徐徐展开。段落开始便道出“垃圾围城”的现状，营造垃圾分类处理势在必行的氛围，顺其自然地引出后半部分的具体做法。作者在写作中采用了循序诱导、逐步深入的构思技巧，让“全民参与垃圾分类”变得顺理成章。

从逻辑上分析，整段受一条简单清晰的“因果”关系主导。前半部分“因公众抵制垃圾焚烧厂……倡导居民做到‘能卖拿去卖，有害单独放，干湿要分开’”是产生垃圾围城的“因”，三点做法是解决垃圾围城的“果”。

三点做法涵盖了政府、社会、公众各个方面，是对标题“全民参与”的响应，这就是所谓“观点管一片”的现实运用。三点做法也颇有深意：首先强调政府责任，这是强化政府在垃圾分类处理中的主导作用，与中央“政府主导”的要求相切合；其次突出政府、社会、公众联合治理的重要性，这与我党我军一贯坚持的原则宗旨不谋而合，隐含着党和人民之间始终保持着“鱼与水”“种子与大地”“仆与主”的身份关系，这也说明政府走的是群众路线，符合党的政治要求；最后，为验证做法的成效，文章不仅引用“经过各方努力”来回应标题“发动全民参与”这一观点，而且引用了具体数据来证实做法的可行性。整段前呼后应，数据详细，事例具体，逻辑严谨，非常值得推敲。

（三）深圳通过对餐厨垃圾单独收运处理，保障“舌尖上的安全”。近年来，深圳市将餐厨垃圾作为分类处理重点，加强收运处理管理和资源化利用，有效解决地沟油、泔水猪等群众关心的食品安全问题。**一是积极引入市场机制**，各区分别招标、招募一家特许经营企业，统一收集、运输、处理餐厨垃圾。**二是建立奖惩机制**，一方面对餐厨垃圾违法收运处理行为严厉查处，另一方面对相关企业给予一定补贴，有效斩断原有利益链条。**三是提高餐厨垃圾资源化利用水平**，比如，盐田区将1吨餐厨垃圾高温降解后，垃圾减量率达85%，剩余残渣可制成有机肥和燃料棒，液体经油水分离后可提炼出生物柴油。**四是推进餐厨垃圾处理设施建设**，计划今年新增日处理能力730吨，至2018年底前基本实现餐厨垃圾集中处理。

【评析】

近年来，“舌尖上的安全”越来越受到社会广泛关注，作者以当前民生热点问题作为调研切入点，很容易让文章进入公众视野，受到各级关注重视，这也许是范文一获奖的原因之一。

作者将调研对象放在餐厨垃圾上，而不是整个垃圾的治理上，选点非常小且具体，很轻松地将选点写透写深刻，还能够以小见大，为读者设置了无限悬念，这种写作思路值得借鉴。作者在选择事例上，也是颇费心机，文中着重提到了“地沟油”“泔水猪”等食品安全问题，这些是大众关注的热点问题，让文章更具吸睛效果，也为读者埋下疑问：如何解决“地沟油”“泔水猪”等民生问题？为引出后文具体措施设下了伏笔。在具体做法上，四点做法紧跟习近平同志对垃圾分类工作做出的重要指示，符合“加强科学管理、形成长效机制、推动习惯养成”“绿色发展、可持续发展”“以法治为基础”等具体要求，突显出作者一贯的原则性与政治性。在写作手法上，内容简洁干练，不拖泥带水，四点做法也没有多余废话，要么直接呈现具体措施，要么以翔实数据说话，让人一目了然，扑面而来的朴实文风，增强了读者的阅读体验。

二、问题和原因

垃圾分类在北京、广州、深圳等试点城市取得一定进展，但由于种种原因，10多年来仍处于“试点”阶段。

【评析】

这段内容的导语非常精练简洁，短短几十个字既肯定了试点城市的做法与成效，又提出了“10 多年来仍处于‘试点’阶段”的疑问，在读者脑海里画上了“10 多年为何还处于试点阶段”的问号，一下子就激发了读者希望继续读下去的欲望。

导语通常以“短”著称，这也是“凤头”式入题的写作手法。如何才能写出引人入胜的“凤头”式导语呢？

1.“连”

导语好比在内容与标题之间架起的一座“桥梁”，起到顺畅过渡、建立连接的作用，这与我们常讲的“承上启下、起承转合”是一个意思。因此，不管导语多短多简练，一定要起到“连接”的功效。

2.“简”

这里的“简”是指文字简单精练。实现简单精练，需要从“四不”做起：不绕圈子，不闲议论，不讲废话，不秀文笔。通俗点讲，就是能够用一句话、一个词讲通透的，就不要繁文缛节，为“好看”而画蛇添足。

3.“快”

入题要快。导语尽量要短，只要把事情说清楚、道理讲明白就好了。假如电影片头过长、过缓，观众就会耐不住性子，心生反感，甚至弃座而去。写作同样如此，如果导语过长，又起不到连接、过渡效果，这样的文章多半要“回炉重造”。

4.“活”

写作手法要活。要尽量避免平铺直叙，尝试设置悬念、反问、设问等修饰手法，丰富读者阅读体验。比如导语中“由于种种原因，10 多年来仍处于‘试点’阶段”，读者便会产生“为什么”的疑问，这些问号会点燃读者继续了解的欲望。

（一）“垃圾分类，知易行难”。在北京、广州、深圳等地，市民对实行生活垃圾分类处理的支持率达 90% 以上。但参与率不及支持率一半，投放准确率更是打对折。在开展相对较好的广州，即使只要求分出厨余垃圾，准确率也仅有 30% 左右。很多居民认为分类标准不容易掌握，需要专门学习，而且操作起来有些麻烦。一些居民认为自己已缴纳垃圾处理费，应该由环卫部门或物业公司承担分类工作。因分类处理成本较高，当问到是否愿意适当提高垃圾处理费标准时，大部分居民都不太愿意。据专家介绍，由于生活习惯、观念的养成与改变是个长期的过程，即使在垃圾分类工作开展较好的日本，推行 22 年来，仍有 17% 的居民不能做到自觉分类。

【评析】

这一段的标题提炼较好，“知易行难”四个字准确诠释了当前垃圾分类的现状与形势。内容紧紧围绕“知易行难”来展开，还分别列举了“90%”“一半”“打对折”“30%”等数据，回应“知易行难”这一观点。为证实“行难”，作者引用了“专家介绍”的结论和垃圾分类较好的日本为事例，让观点和内容形成了一个“回路”，增强了“知易行难”的说服力。从逻辑上看，作者采用了“因果倒置”法，首先交代“知易行难”这个结果，随后从多层面分析引发结果的原因。这好比哥伦布探险，每次发现新大陆之前，都有一种期待和好奇。正是这种欲望，引诱读者不断地去探寻发现，这就是“因果倒置”法的魅力。从写作手法上看，作者分别采用了对比、映衬、引用等修辞手法，令文章更显张力、活力与信服力，改变了大家心目中传统调研文章呆板枯燥的印象。

（二）“前端分类，后端杂烩”。垃圾分类处理包括前端源头分类、中端分类清运、后端分类处理等环节，任何一个环节的分类出现问题，都会导致其他环节的分类失去意义。北京、广州、深圳在 2000 年开始试点垃圾分类时，由于只注重源头分类，忽视了分类清运及处理能力建设，导致源头分类徒劳无功。从2009年起，三地统筹推进垃圾分类投放、收集、运输、处理体系建设，但由于目前居民分类准确率不高，导致大多数垃圾仍是混装混运、杂烩处理。

【评析】

“前端分类，后端杂烩”，这个标题高度凝练，很经典、很形象，对全段起到了统揽的效果，展现出作者非凡的文字功底。“后端杂烩”，是这组标题的核心，也是调研需要解决的重点问题，这预示着后面内容将围绕这四个字展开。本段是典型的“意义（原理）+问题+原因”式写法：第一句讲的是垃圾分类处理环节的重要意义；第二句讲的是垃圾分类处理存在的问题；第三句讲的是导致问题发生的根本原因。为回应标题中“后端杂烩”这一结论，作者分别从两个方面进行了阐述：一个是从政府层面，因“忽视了分类清运及处理能力建设”，导致源头分类徒劳无功；一个是从群众层面，因“居民分类准确率不高”，导致垃圾杂烩处理。两个层面的描述，把导致“后端杂烩”的两个主体都囊括了进来，查找问题根源非常准确，说明这篇调研报告确实是下了真功夫的。

（三）**“利大抢收、利小少收、无利不收”**。全国每年产生的2.5亿吨生活垃圾中，废品回收行业直接回收8000万吨可回收物，回收率达到30%以上。但是，回收企业热衷于回收纸张、金属等高价值废品；对废玻璃、废木材、旧衣服等低价值废品，由于回收处理成本较高，需要较大回收量才能实现盈亏平衡，一般企业不愿涉足。另据一些回收企业反映，由于无法向居民索取回收废品的发票，企业在缴纳增值税时没有进项抵扣，极大增加了成本。在调研中我们还发现，虽然国家要求对废荧光灯管、过期药品等有害垃圾单独回收，但多数小区并没有设置专用回收桶，一般混在其他垃圾中一同处理。

【评析】

“利大抢收、利小少收、无利不收”，这组标题很有吸引力，其中“大就抢”“小就少”“无就不”，既将市场管理的混乱现象与商人唯利是图的心理总结得非常精准，同时将垃圾分类处理环节中的突出矛盾呈现得一清二楚。从内容构思上看，这段文字表面是在写商人和市场间的矛盾，更深层的含义是，借商人和市场来揭示“政府不作为”的失策与失职，这也是为何“10 多年来仍处于‘试点’阶段”的根本原因。这也启示我们，文章要能吸引人，能够吸引人思考、耐人寻味，就要巧妙构思，让内容有内涵、文字有寓意，给读者留足思考的空间。

（四）“一堆部门搞不定一堆垃圾”。城市生活垃圾分类处理涉及城建（牵头负责）、环保（负责有害垃圾处置）、发改（负责餐厨垃圾处理）、工信（负责水泥窑协同处置）、商务（负责废品回收）等部门，有时在实际工作中遇到分歧难以协调。比如，深圳城管局按照创建全国生活垃圾分类示范城市要求，希望在各个居民小区都设立固定的废品回收网点；但主管的经贸信息委认为这些回收网点会造成消防、环保等方面问题，一直不予同意。再比如，在后端处理设施建设中，城建部门力主垃圾焚烧技术，工信部门积极推进水泥窑协同处置，双方互相认为对方技术存在不足，猜测背后有相关企业的游说与代言。

【评析】

“一堆部门搞不一定一堆垃圾”，这个标题非常亮眼也非常有“辣味”，文字朴实，道理通俗，字字逼人冒冷汗。这既是对为何三地“10 多年来仍处于‘试点’阶段”的疑问进行回应，也是对三地政府执政能力的问责，令人坐立不安。这样的标题深刻揭示问题，符合调研的特征，算得上是真正的建言文章了。文章内容主要是通过几个事例来揭示“一堆部门搞不定一堆垃圾”的真实原因，深刻揭示了政府部门之间的“权”“利”之争，增强了文章的思想性，令政策制定者和决策者也陷入深深的反思。

三、思考和建议

我们每个人每天都要产生生活垃圾，一个三口之家一年产生约1吨垃圾。从可持续发展角度看，分类处理是最好的垃圾处理方式，既可以减少垃圾处理量、降低处理成本，又可以节约资源、保护环境。

（一）因地制宜制定垃圾分类标准、完善分类处理体系。按照“后端处理决定前端分类”的原则，建议由住房和城乡建设部指导各地合理确定本地生活垃圾分类处理技术路线，制定可行的垃圾分类标准，现阶段至少把可回收物、不可回收物和有害垃圾分开。各地要建立符合分类标准的清运体系，建设垃圾焚烧厂、生化处理厂、卫生填埋场等设施，提高垃圾处理能力。

（二）完善相关法律法规，理顺部门工作职责。建议有关部门研究将城市生活垃圾分类作为单位和个人的义务，纳入相关法律法规，对违反规定者给予相应惩处，并记入社会信用档案。各地制定完善相关法规和制度，依法开展垃圾分类处理工作。建议对相关部门垃圾分类处理职责进行梳理整合，减少相互交叉和政出多门，形成统一协调的政策合力、监管合力。

（三）鼓励社会组织和资本参与垃圾分类处理。进一步发挥共青团、妇联等人民团体作用，对学生、家庭主妇等重点人群加大垃圾分类知识普及力度，促进大多数居民逐渐养成垃圾分类的行为习惯。培育壮大环保社会组织，支持其开展宣传教育、监督检查、政策咨询等工作，改进政府与公众的沟通和引导方式，有效有理反映民意。大力引入社会资本参与垃圾清运和处理设施建设运营，减少垃圾处理成本。

（四）探索对废品回收和垃圾清运行业进行整合。建议住房和城乡建设部、商务部等研究废品回收和垃圾清运行业的整合方式，建立统一的垃圾（废品）分类回收处理体系，利用废品回收利润弥补生活垃圾清运处理成本。研究再生资源行业增值税优惠政策，对低价值废品回收利用给予财税政策支持，扶持一批龙头企业，打通废品回收利用产业链，提高再制造业水平，最大程度实现垃圾资源化利用。

【评析】

调研材料的建议部分虽不是报告的核心，但如果写不好，也可能会出现虎头蛇尾的现象。据笔者经验，建议部分往往具有“四性”特征，掌握这些秘诀，便可轻松写好调研材料的结尾。

1. 针对性

前面提到过，调研报告往往会采用“发现问题、分析问题、解决问题”的逻辑，而“解决问题”与“发现问题”往往又是相对应的，所以调研报告提出的解决办法，要与发现的问题逐一对应，前后形成呼应，构成一个“回路”。

我们回到整个范文一看一下，“问题和原因”部分提出的问题，是否与“思考和建议”部分的建议逐一对应：

“垃圾分类，知易行难”与“鼓励社会组织和资本参与垃圾分类处理”是相对应的；“前端分类，后端杂烩”与“因地制宜制定垃圾分类标准、完善分类处理体系”是相对应的；“利大抢收、利小少收、无利不收”与“探索对废品回收和垃圾清运行业进行整合”是相对应的；“一堆部门搞不定一堆垃圾”与“完善相关法律法规，理顺部门工作职责”是相对应的。

每个问题对应一个解决方案，这样的调研报告不仅针对性比较强，而且在逻辑上也显得严谨。

2. 可行性

调研的根本目的是解决问题，因此，报告提出的建议务必符合客观事实，符合政策规定，具有较强的可行性，这样的调研才有价值。

衡量一份调研报告是否具有价值的标准，就是要进行可行性分析，分析部分可以不写入报告，但一定要于情于理都说得通。比如，与“一堆部门搞不定一堆垃圾”相对应的“建议对相关部门垃圾分类处理职责进行梳理整合，减少相互交叉和政出多门，形成统一协调的政策合力、监管合力”，这条建议的可行性是没有问题的，只要政府能够主动作为，打通部门间的利益梗阻，形成合力是可以实现的。

上例虽未将可行性进行分析，但其可行性是读者易于理解的。从文章结构上看，省略可行性分析，更显文章精练简洁，避免了画蛇添足。

3. 政策性

符合国家形势政策，是这篇调研报告能够获奖的重要原因之一。垃圾分类是由政府主导、分类推进、全民参与的以法治为基础的带有政治性质的全国性政策性运动，各级不仅要努力高标准完成，而且要放在政治高度扎实推进。建议部分提出的“完善分类处理体系”“完善法律法规”“引入社会资本”“扶持龙头企业”等措施，既是因地制宜的创新，也是对中央关于垃圾分类处理政策的探索与研究。

符合国家政策的调研报告可行性强，执行起来也没有多少阻力。这也启示我们，不管写何种公文，关键在于契合大局、符合政策，不能与国家政策、领袖意志相悖。

4. 持续性

建议内容虽然不是调研报告的主体部分，也不一定被采纳，但如果建议具有价值，这将增大进入领导决策的可能性，甚至还会上升到政策层面，形成可执行的法制规定，这将是利国利民的建言献策。

建议部分不仅要考虑可行性，还要考虑持续性，要把眼光放长远，尝试用大局观、全局观、发展观、群众观来对待问题，尽量提出绿色的、经济的、效益的、可持续的对策建议，即便不是百年大计，至少也是五年规划。比如：“建议有关部门研究将城市生活垃圾分类作为单位和个人的义务，纳入相关法律法规，对违反规定者给予相应惩处，并记入社会信用档案。”这与依法治国的国策就是一致的，是一个需要长时间发展才能实现的宏大目标，这样的建议就非常有价值，因为它的可持续性不容置疑。

总之，城市生活垃圾分类处理既反映了一个城市市民的整体素质，又反映了政府公共管理能力。政府部门要通过“精细化管理”“精细化服务”，引导每个居民践行包括垃圾分类在内的“精细化生活方式”。凭借摄影作品《垃圾围城》在国际摄影家年展上获奖的王久良先生曾深有感触地说道：“比整治一两个垃圾场更重要的，是改变人心。”

【评析】

作者使用并列关联词“既……又……”，将市民与政府放在同一天平上，显示二者地位同等重要，不可偏废，唯有协力并进，才能实现持续发展，打赢垃圾分类处理的硬仗。最后，作者用王久良先生的讲话收尾，将解决垃圾分类处理的根本矛盾归纳为“人心”，从非意识形态上升到了意识形态高度，这也成了范文一的点睛之笔，所谓“豹尾”式写作手法便是如此了。

【经验材料类】

范文二：《民政卫生“联姻”，“医养融合”暖心：江苏省南京市探索“医养融合”经验》

经验类材料的标题通常以“主标题+副标题”或单单一个主标题的形式出现，这类标题通常是虚实的结合体。

1. 主标题往往主张“虚”

从词性使用上看，经验类材料的标题会更多地使用动词、介词、副词、形容词，这样的标题显得更加生动，具有动感，不呆板不枯燥，比如《用责任和激情展示精彩中国——记全国五一巾帼标兵北京中展国际展览工程有限公司设计主管陈雨昕》，其中主标题中包括形容词有“激情、精彩”，包括动词有“展示”。这样的标题会引起读者联想，而不是把思维呆板地定位于具体的某事某人上，增强了标题的吸引力。

从写作手法上看，经验类材料的标题会更多使用比喻、对偶、衬托、对比、列锦等修辞手法，很多时候还会引入押韵等写作技巧，这样的标题更有画面感，产生铿锵和谐感，比如范文二的标题《民政卫生“联姻”，“医养融合”暖心》，其中“姻”与“心”谐音，押韵母“in”，阅读时便有咏诗的味道蕴含其间。

2. 副标题往往注重“实”

副标题结构通常为“某单位（人）+某事”“某事+某单位（某人）”两种，主要以直接叙事为主。比如，2008 年《求是》第 19 期《在科学发展道路上追赶与跨越——赣州市贯彻落实科学发展观的实践》的标题，副标题就符合第一种“某单位（人）+某事”的模板结构：某单位（人）——“赣州市”；某事——“落实科学发展观”。再比如，《时代精神的体现者 群众利益的维护者——记时代楷模马善祥先进事迹》一文，副标题符合第二种“某事+某单位（某人）”的模板结构：某事——“时代楷模”；某单位（人）——“马善祥”。

副标题的“实”主要表现在两个方面：一是尽量少用或不用形容词和修辞手法；二是必须要有具体单位（人）与事件，这里讲“必须”，就是非常有必要，是不可或缺的。比如：

《现实力量与想象空间——面对“互联网+”的电影美学新表达》

《广开举贤荐能之路的探索实践——四川省遂宁市从100万农民工中公选副科级干部》

《狠抓四个“三” 旧貌换新颜——襄阳市新农村建设的实践与思考》

江苏省南京民政联手卫生部门，积极探索“医养融合”方式，有效破解养老机构老人的医疗、康复和护理等难题。在2011年年底时全市医养融合型的养老机构只有25家，到2012年发展成为79家，到2013年已达103家，两年翻了两番多。南京市探索推广“医养融合”养老服务新模式，主要做法是“四个打破”：

【评析】

范文二的开头便开门见山，交代“医养融合”的卓越成效，把“粉”擦在了脸上，这样做的好处在于：一方面显得文章有分量；另一方面能引起读者好感。“美”在材料中的体现，读者不能靠作者被动地去发现，这很容易失去耐心。最好的做法是主动呈现“美”，让读者自觉被吸引，这样的文章最具魅力和吸引力。

南京市提出“医养融合”模式，紧贴国家政事，也是回应民众关注焦点，从这方面看，作者在选题上意图深邃、用意明确，这也是文章能够获奖的原因之一。“25”“79”“103”三个数据设计得也非常巧妙。巧妙之一：“医养融合”模式年年呈递增趋势，2012 年增幅为 216%，2013 年增幅为 30.4%，波浪式增幅未免会引人疑问，让人浮想联翩。巧妙之二：为证实第一句“有效破解……难题”的结论，引用了一系列具体数据，让结论更加真实，比起理论证实理论更加令人信服。巧妙之三：范文二的文章结构属于结论倒置，将“医养融合”成效放在了文章最前面，而后用科学简单的数据论证结论。这是经验类材料的常见写法，效果往往不错，这种写法还是值得借鉴的。

一、打破体制障碍，部门联手攻关

在养老服务调研中发现，各方都对医疗服务有着强烈的需求，民政、卫生两部门从老人需求出发，决定联手打破体制障碍，探索养老“医养融合”。

【评析】

这段话的导语主要起到承上启下和统领全文的作用。承上启下，一方面要做到逻辑清楚，读来让人知道讲什么、主旨是什么、重点有哪些；另一方面要做到顺畅自然，用词朴实简洁，尽量不用晦涩难懂的词句，上下衔接要紧密，不能语句不通，更不能顾左右而言他。统领下文则需要把握以下三个原则。

一是意义重大原则。阐述重大意义，突出观点的重要性，目的是引起各方高度重视，这是导语的重要责任，也是导语的组成要素。这一原则遵循了古话“事出有因”，就是要让事件变得合理。比如“在养老服务调研中发现，各方都对医疗服务有着强烈的需求”，该例是以民生需求为牵引，强调推行“医养融合”在社会发展中的必要性，由于民生医疗都是由政府主导，因此合理引出了“部门联手”这个观点。

二是目标一致原则。导语需要统领下文，因而在阐述目标事物上要与下文保持一致。导语就好比指挥官，导语下的内容就好比士兵，士兵的一切行动务必听从指挥官调遣，唯有如此，才能保证上下目标一致。比如，导语提出“民政、卫生两部门从老人需求出发，决定联手打破体制障碍”，其中“联手打破体制障碍”就是导语的中心观点，起着统领下文的作用。导语下的内容要服从这一观点，不能偏离轨道，不能脱离中心，更不能背道而驰。下文是如何服从导语统领的呢？“联合调研”“文件助推”“深化试点”三个观点，都是围绕“联合”这个关键词来展开的，前后观点保持了一致。

三是问题导向原则。经验类材料主要是宣扬先进典型和先进做法，或者后进变先进的启示收获，贯穿其中的是问题导向。比如，“各方都对医疗服务有着强烈的需求”，这里的“需求”就是提出问题；“民政、卫生两部门从老人需求出发，决定联手打破体制障碍”，这里的“民政、卫生部门联手”就是在解决问题。不论是提出问题，还是解决问题，经验类材料都遵循了“问题导向”这一原则。

一是联合调研。在调查中发现，养老机构中仅两成老人能自理，其他都需要医疗护理服务。当时的252家养老机构中，具备医疗资质的仅25家，诸多机构都因条件所限，无法设置医疗机构，而医院有限的医疗床位，却被长期用于养老，并享受医保报销。医和养确实是相辅相成的关系，是互为前提、互为基础、互为因果、密不可分的两者，“医得好才能养得长，养得好才能医得少，护理好才能康复快”，如果养老机构与医疗机构“联姻”，医养结合，将实现资源共享、互惠互利。

【评析】

每组标题都有自己的关键词（字），标题下的内容将围绕关键词来展开阐述，标题其余的词句仅起修饰的功能。比如下面一组标题：

走到位，力戒走马观花不深入（关键字“走”）

问到位，力戒脱离主题太随意（关键字“问”）

说到位，力戒满口应承无原则（关键字“说”）

想到位，力戒敷衍做作不交心（关键字“想”）

做到位，力戒高高在上不作为（关键字“做”）

这组标题中，除“走、问、说、想、做”五个关键字以外，其余的都是修饰。

回到范文二中，“联合调研”这个标题的关键词是“联合”，“调研”虽然是动词，但在这里却只起到了修饰或补充的功能。在内容上，紧紧围绕“联合”这个关键词来展开。段末“养老机构与医疗机构‘联姻’，医养结合，将实现资源共享、互惠互利”便对标题关键词“联合”进行了回应。

八成老人需要医疗护理，然而“252 家养老机构中，具备医疗资质的仅 25 家”，80% 的需求与 9.92% 的保障资源之间的巨大供需差距，这种对比手法给读者造成的视觉感非常强，同时也是对第一段“破解养老机构老人的医疗、康复和护理等难题”观点的时时回应。随后，作者对“医”和“养”相辅相成的关系进行了分析，目的是确定“医养融合”在养老服务建设中的主导地位，为后文引出“医养融合”模式增添分量。

二是文件助推。经反复论证，南京民政、卫生于 2012 年 4 月，率先出台了《关于加快医护型老年福利机构建设的意见》（宁民福〔2012〕57 号）。该意见明确“十二五”末，力争每年新增 30 家、最后达到 150 家左右。结果当年新增医护型养老机构 54 家，累计护理床位 16495 张，加上新增机构 24 家，年底突破 100 家，提供护理床位 1.8 万张。

【评析】

这段写法还是比较创新的，作者的构思思路值得肯定。一般人看到“文件助推”这个标题后，常规写法是阐述民政和卫生两部门克服了多少困难、打破了哪些限制、创新了什么做法，最终顺利出台文件《关于加快医护型老年福利机构建设的意见》，把破题点定位于文件如何出台上。当然，这一过程肯定存在诸多困难，但把一纸文件作为经验推广，未免会贻笑大方。范文二的作者直接跳过文件出台的曲折过程，仅用了“经反复论证”“率先出台”给读者留下了自由思考的空间，这就是作者的高明之处。

本段最值得思考与点赞的，应当是后文对数据的引用。通过几组数据的对比，表面看是在肯定文件助推“医养融合”的良好社会反应，其实是从侧面肯定标题“打破体制障碍，部门联手攻关”这一决策、方针的正确性，文章时时处处都在回应核心观点，反复证实核心观点，前后联系紧密，避免了“跑题、偏题、离题”的“新手”毛病。

三是深化试点。有了医护型机构的数量，双方“联姻”质量如何保证？如何从养老机构延伸到社区居家养老服务中心？2012 年 4 月，南京市民政、卫生选择条件较成熟的秦淮区深化试点。经半年探索实践，区卫生、区民政于 9 月联合出台了《秦淮区“健康养老惠民”行动实施方案》，对“医养融合”的形式、内容等做出了规定，指导社区卫生服务机构与全部 38 家养老机构和部分居家养老服务中心签订医疗服务协议。2014 年全市将新增医护型居家养老服务机构 90 个，按照“助医”要求，医疗机构将向居家老人提供健康服务。

【评析】

“有了医护型机构的数量”，这是承上启下的句子，紧随其后，作者用两个“问号”来引领本段，这虽然是常见的写法方法，但相比平铺直叙而言，更能引起读者思考。比如，“双方‘联姻’质量如何保证？”文章从三方面进行了回答：一是“选择条件成熟的秦淮区深化试点”；二是“联合出台《秦淮区‘健康养老惠民’行动实施方案》”；三是“签订医疗服务协议”。这样的一问一答，就是典型的“问答式”写作法。

二、打破政策壁垒，制度相互衔接

由于职能、机制、政策及标准的不同，导致养老机构与医疗机构合作时，受阻于制度壁垒。为此，民政、卫生部门着力研究，从政策上开辟合作“绿色通道”，下发了《关于深化我市养老服务体系与基层医疗卫生体系衔接的意见》（宁民福〔2013〕211号）。

【评析】

前面讲过导语应遵循的三个原则：意义重大原则、目标一致原则和问题导向原则。意义重大原则强调了“事出有因”，意思是导语在写作时应当注意“因果关系”，让事理顺其自然，让逻辑贯穿始终。本段从入题便提出“由于……，导致……，受阻于……”等原因，对一级标题为何要“打破政策壁垒”给出了答案，标题与内容构成了因果关系。而且与第二句“为此……下发了……”同样构成因果关系。整个导语与标题之间由于存在“因果”联系，所以相互间的关系更加紧密，承接更加顺畅。

一是明确工作目标。养老机构医疗卫生服务覆盖率，2014年不少于40%，2015年超过50%。到2015年实现居家养老医疗卫生服务覆盖率40%。2020年，全市机构养老、社区居家养老医疗卫生服务覆盖率均达到100%。

【评析】

经验类材料直接引用数据的做法较为常见，短短78个字、4组数据，将目标和过程阐述得清晰完整。简洁的目标、务实的作风和朴实的文风贯穿字里行间，令人如沐春风，让读者一目了然。“40%”“50%”“100%”三个数字就包含了四个不同的任务目标，相互间呈现逐年阶梯式上升，由此可以看出，这些数据是科学的，是经过认真调研后的结果，具有很强的可行性。同时数据也是冰冷的，不给任何别有用心之人讨价还价的余地，增强了目标的权威性和执行力。“不少于”“超过”“达到”都有“限制”的意思，这是公文中的数据前面常常附加的词语，其内涵非常丰富，既有“必须”的硬性要求，又有“允许”的潜在内涵，为超额完成目标留有空间。

二是明确合作原则。让入住养老机构老人享受“医院式”专业、周到的医疗保健服务，将养老床位纳入基层卫生服务机构内部病床统一调配使用，老人用药实现“零差价”，不得向老人推销医疗器材等。逐步实现养老信息系统与健康医疗信息共享。

【评析】

这段文字虽很简洁，合作原则却阐述得深刻清晰，让人能够一看就懂，体现出作者很强的文字操控力。作者是如何操控文字的呢？撇开文字编排能力，还应做到两点。一是善抓要点，就是能够从整个事情中，挑选出极具代表性或者影响全局的几个环节，这些环节便是要点。比如，推行“医养融合”的关键在于，是否能够“将养老床位纳入基层卫生服务机构内部病床统一调配使用”，因为这涉及两个部门各自的利益，这是解决问题的关键所在，作者准确地捕捉到了。二是善抓需求，也就是常讲的换位思考，摸清读者想了解什么、最关心什么，比如，“老人用药实现‘零差价’，不得向老人推销医疗器材”“实现养老信息系统与健康医疗信息共享”，这些信息决定了“医养融合”的生命力和能走多远的问题。因此，文章从读者需求角度，恰当地解读了读者的需求，让这部分内容不仅不显得突兀、零碎、多余，反而变得举足轻重，内容丰富。

三是明确服务内容。养老机构将集中需要医疗服务的老人，社区卫生服务机构固定相对应的医生、护士、康复师等责任人，定点联系需要医疗保健服务的机构和居家老人，建立老人健康档案、开通服务热线，定期查房巡诊（每天或每周不少于2次）、配药和健康咨询等，提供个性化处方、康复训练计划，对患有高血压、糖尿病等慢病的老人，要实施规范管理与控制。

【评析】

什么是衡量经验材料价值的标准？这主要取决于两方面：一方面，材料是否具有广泛的借鉴性；另一方面，材料是否具有现实的操作性。借鉴性是指材料总结的经验是否具有推广价值。比如，“养老机构将集中需要医疗服务的老人，社区卫生服务机构固定相对应的医生、护士、康复师等责任人”，这些做法和理念超前，符合当前需求与形势，因此具备很强的借鉴性。操作性是指材料做法是否遵从“拿来即用”的原则。比如，“定点联系需要医疗保健服务的机构和居家老人，建立老人健康档案、开通服务热线，定期查房巡诊（每天或每周不少于 2 次）、配药和健康咨询等，提供个性化处方、康复训练计划，对患有高血压、糖尿病等慢病的老人，要实施规范管理与控制”。这些做法虽然普通了些，但操作性很强，任何单位拿来就能用，努力一把就可以实现，所以这样的经验材料是有价值的材料。

三、打破利益藩篱，服务老人需求

跨部门、越体制、复合式，在养老机构与医疗机构之间，刚开始时也存在利益分配纠葛。很快，双方统一思想，愉快合作，合力服务老人。

【评析】

这部分导语的写法较前面有巧妙之处，这段话读起来感觉像是在读者脑海里设置了一连串疑问，但字里行间却没有任何问句出现。比如，第一句“刚开始时也存在利益分配纠葛”，不同部门间的协作，出现利益纠葛本是无可厚非的，类似这样的“群众式”观点，很容易走进读者内心。紧随其后，作者用“很快”一词，直接跳到“双方统一思想，愉快合作，合力服务老人”这个结果，省略了中间的处理环节，吊足了读者胃口，在读者脑海中装满了问号，继而点燃读者继续阅读的欲望。

一是利益共赢。一年多的探索，合作双方已深切感到，医养融合是“一举四赢”的大好事。老人是赢家，方便了老人看病，享受到“上门服务”；家属是赢家，老人看病就医不用家属操心；卫生中心是赢家，锁定了服务对象，成为老人的定点医疗单位；养老机构是赢家，不再为医疗康复犯愁，可集中精力提升品质。

【评析】

“利益共赢”，准确抓住了各方“痛点”，切合各方利益诉求，实现了医与养的完美融合，确确实实是“一举四赢”的大好事。“一举四赢”的观点统领了下文，体现出作者很强的提炼总结能力。

二是设施共建。对在养老机构内增设医疗机构或开展医疗活动，均依据《医疗机构管理条例》的有关规定和《南京市医疗机构设置规划》，对有关设施进行改造，以达到卫生部门的技术标准和条件。对医疗机构转型从事养老，或在机构内增设养老机构的，则要按照《老年人建筑设计规范》（JGJ122-99）规定进行设施改造，明确其要完善养老服务设施，为患者、老人提供长期医疗护理等服务功能。

【评析】

前面讲过，经验类材料的核心是推广经验。养老机构增设医疗设施，需要依据医疗机构的规定和条例执行；医疗机构转型从事养老服务，需要按照《老年人建筑设计规范》规定实施改造。这种用规定来指导自身建设的做法，确实是领域与做法的创新，对涉及“医养融合”的民政、卫生两部门而言，确实起到了相互借鉴、相互制约的效果。这些创新经验与做法很有传播与借鉴价值，符合经验类材料的属性。这也启示我们，撰写经验类材料，不应搞“自嗨”式创作，应当追求“需求”式创作，尽量从需求方着力思考，这样写出的材料才真正具有生命力、传播力。

三是优惠共享。经改造和验收，对符合养老机构设立条件的医疗机构，将颁发证书，并享受养老补贴，如新增床位资助、护理补贴、以奖代补等优惠政策，2012 年有 10 所医疗机构转型享受了养老服务补贴。卫生部门也积极为老人提供政策优惠，为 65 岁以上老人建立电子健康档案 80 万份，免费体检从两年一次改为每年一次，对 80 周岁以上老人门诊和住院分别提高 5% 的报销比例。对享受低保和优抚对象的老年患者等弱势群体实施了五免五减半政策。2012 年度，全市设立家庭病床 1720 张，优惠减免费用 1431 万元。

【评析】

“优惠共享”解决了民政与卫生双方的根本利益问题，唯有这个问题解决了，工作才能顺利推进。作为经验类材料，作者入题便把核心问题亮了出来，从读者角度预见关切点与疑点问题。判断经验类材料是否具有价值，就看它是否具有借鉴意义。这段内容阐述的做法非常具体，既有工作原则、具体措施，又有绩效、有收益，借鉴性与启发性都非常强，带给读者的信息量也很大，这样的经验类材料是值得学习借鉴的。

四、打破路径依赖，推进体系融合

长期以来，医疗和养老是两大独立运行的体系，不同的体制机制及运作模式，形成了两大体系符合各自实际的运作路径，但这两大路径放到一起运作时，却发现了护理分级不统一、服务内涵不一致、考核标准不衔接、收费评价不相同、管理培训不兼容等一系列问题，例如老人在不同机构之间的转介，即使在医疗和养老两大体系内部的平滑转介都成问题，要实现两大体系之间的无缝转介其难度可想而知。通过“医养融合”，必将打破惯性思维，自我革新，深化养老服务体系与基层医疗卫生体系的有效衔接，最终达到“医养一体化”。

【评析】

经验材料要靠事实说话。如果掌握的素材不充分，写起来就很费劲。如何才能有效地占有素材呢?

一是“走”，就是走出办公室，深入一线调研。调研不能走马观花，更不能脚踩西瓜皮，需要制订详细的方案计划，明确调研主题是什么、调研方式有哪些，甚至要细致到要去哪儿、看什么、问什么，等等。只有这样，才能掌握一手新鲜的素材。

二是“坐”，就是静下心，坐下来，分析调研数据。分析过程既是一个总结提炼的过程，又是一个去粗取精、去伪存真的过程，确保淘到的是“金子”，而非“沙子”，影响材料质量。

三是“思”，就是要认真思考，过滤调研数据杂质，将“金子”再提纯。这一过程需要我们练就火眼金睛，掌握透过现象见本质的技巧，能够从平凡现象中举一反三，总结归纳出具有推广性、指导性、借鉴性的有效数据与经验。

比如，“发现了护理分级不统一、服务内涵不一致、考核标准不衔接、收费评价不相同、管理培训不兼容等一系列问题”。这“五不”是医疗和养老两大体系协作运行过程中暴露出的问题，分布范围广、涉及环节多，由此可推断这些问题并非作者凭空想象出来的，而是深入调研后的结果。像这样靠事实说话的经验材料，必然是作者在广泛占有素材的基础上提炼出来的，这样的观点必然会让读者点赞。

回到范文二中，这部分内容提出“五不”问题，按照“提出问题、分析问题、解决问题”的问题导向来看，意味着后面内容将针对问题提出具体解决方案。这也决定了下文的逻辑关系，要么是并列，要么是递进。事实证明，下文就是采用了并列的逻辑关系。

一是强化职责。市、区、社区（机构）的民政、卫生部门，按照各自职能和分工，制订相应的工作职责，明确自己在“医养融合”推进中扮演的角色、承担的义务、履行的责任，以及要达到的标准和完成的时限。

二是分头考核。市民政局每年将“医养融合”工作目标进行分解，压力传导，责任到人，并列入年度蓝皮书逐月进行通报，将日常考评与年终考核结合起来；市卫生局也列入对区卫生局考核目标，确保“医养融合”任务，按照时序进度，顺利完成。考核结果与补贴发放、绩效奖励、评先评奖挂钩，作为提拔任用干部的重要依据。

三是扩大融合。目前的医养融合探索才刚起步，下一步，民政、卫生部门将在政策、服务、标准、人员、制度、培训、技术、评估、信息和监管等10个方面进一步融合，以真正实现医疗和养老两大体系上的融合，使这项造福老人的“老有颐养、病有良医”工程得以持久、有效，达到共赢效果。

【评析】

对于前面内容提出的“五不”问题，这段话从三个方面进行了回答，虽然没有一一对应，但从制度设计层面进行了回应。前后一问一答，有呼有应，逻辑严谨，行文顺畅，带给读者的阅读效果很好。

分析上面措施，作者的构思思路是这样的：首先“强化职责”，对双方职责进一步明确，确保时时、处处、事事有人管、有人干；其次“分头考核”，根据职责分工实施考核奖罚，促进职责落实到点到位；最后是扩大融合范围，促进“医养”深度融合。前两条措施与一级标题的前半部分“打破路径依赖”相对应，着重于阐述如何打破路径，冲破体系障碍；最后一条措施与标题的后半部分“推进体系融合”相对应，着重从10个方面阐述进一步融合的范围方向。

总体而言，这部分内容结构简洁，逻辑清晰，阅读起来非常轻松。

南京“医养融合”助推机构养老，取得初步成效，假以时日，“医养融合”对接渗透到社区养老和居家养老，养老服务业、健康服务业的“中国梦”更加值得期待。

【评析】

经验类材料的结尾常用以下五种模式：

1. 概括式结尾

用简短的一两句话，对全文进行概要阐述，帮助读者回顾要点。这就好比学校老师上完课后，总会来一句“现在跟着老师回顾一下本堂课内容”，然后列出一二三四，对课堂内容进行撮要总结。

2. 展望式结尾

面向未来，用发展创新的思维，为读者勾绘一幅美好画卷，带给读者期许与希望。范文二中的“假以时日，‘医养融合’对接渗透到社区养老和居家养老，养老服务业、健康服务业的‘中国梦’更加值得期待”便是展望式结尾。

3. 表态式结尾

向上级或群众表决心、表承诺。撰写表态式结尾时，心态尽量表现得谦虚些，姿态尽量放得低些。表决心通常围绕戒骄戒躁、再接再厉、保持奋进态势、实现宏大目标展开，向上级展现良好精神状态与政治觉悟。

4. 表扬式结尾

在结尾部分以众多荣誉或收获来收尾。这种结尾既是对经验做法或先进事迹人物的肯定，也是对读者的一种典型激励，让大家学有方向、做有榜样、追有目标。

5. 启示式结尾

这种结尾与其他常规性收尾方式相比有新意得多。因为启示既是对自身经历的深度认知，内容比较接地气，易被受众接受，又是对普遍观点的升华，具有启发性、创新性，能让读者耳目一新。启示可以分成几点，也可以归纳为简短几句话，不论文字长短，关键在于能为读者带来醍醐灌顶的启发，给人以满满的收获。

当然，也有些材料是没有结尾部分的，直接从正文处结束。不管采用哪种方式结尾，都要回应主题、体现主题、强化主题，这一宗旨亘古不变。

范文三：《治疗党员干部“软骨病”需“中西医结合”——谈坚定党员理想信念》

在当今快阅读的流量时代，标题是否足够亮眼，决定了一篇文章的生死。笔者记得第一次见到引用医学术语修饰标题的例子，还是高中时期网上疯传的一篇满分作文，其创意的构思常被老师们当作课堂教范。

范文三的标题虽然沿用了过往的写法，算不得有新意，但依旧有其可取之处。这个范文的标题采用的比喻修辞手法，将党员干部理想信念意识形态领域的“病态”，形象地比喻成大家耳熟能详的“软骨病”，这种由虚转实的巧妙构思和联想式的借喻手法，令人印象深刻、耳目一新。

习近平总书记在十八届中央政治局第一次集体学习时的讲话中形象地指出，理想信念就是共产党人精神上的“钙”，没有理想信念，理想信念不坚定，精神上就会“缺钙”，就会得“软骨病”。习总书记的讲话，一针见血。

【评析】

引用习近平总书记的原话来点明主题，亮明观点，是一种非常常见的写作手法。引用领导人讲话，可以高起点入题，从思想认识层面上提高文章的政治站位。这样写有两个好处：一个是清楚阐述文章的出发点是什么，也是解释一下为什么要这样写；另一个是用领袖原话为文章观点构阵，这样就无须再费笔墨来证明观点的正确性，观点自己就能立得住脚，站得稳当。

一、“软骨病”的临床表现

近年来，由于受社会上庸俗、低俗、媚俗之风影响，一些党员干部染上了“软骨病”，主要表现在：面对诱惑气短，见到金钱手软；遇到上级卑躬，对待群众蛮横；兴趣一路低级，爱好逐渐偏离；原则面前是非不分，棘手问题不敢动真，说话办事缺少刚性，对待错误手段不硬。凡此种种，不仅失去了做人的骨气，更失去了党员干部应有的党性原则。习近平同志指出，坚定理想信念，坚守共产党人精神追求，始终是共产党人安身立命的根本。这告诫我们，“软骨病”治得不对症，治得不及时，有可能会丢命。

【评析】

这段内容入题很快，言简意赅地介绍“软骨病”的缘由之后，直接切入“临床表现”，没有多余废话，词句简洁精练，带给读者开门见山的即视感。这段内容值得关注的不是框架和逻辑构思，而是遣词造句。作者的选词用词惜字如金，具有较高的文字造诣。比如，作者在为“软骨病”把脉时，引用“三俗”(庸俗、低俗、媚俗)恰当准确地描述了“软骨病”病因。

本段内容不仅语句凝练，而且采用的修辞手法也很多，让文字更加形象生动。比如，“面对诱惑气短，见到金钱手软”，“短”与“软”同时押韵母“uan”；“兴趣一路低级，爱好逐渐偏离”，“级”与“离”同时押韵母“i”；“原则面前是非不分，棘手问题不敢动真”，“分”与“真”同时押韵母“en”；“说话办事缺少刚性，对待错误手段不硬”，“性”与“硬”同时押韵母“ing”，以上这些都是非常典型的对偶句，即使一些用词不是很准确，但阅读体验还是非常不错的。“遇到上级卑躬，对待群众蛮横”，采用正反对比的手法，形象生动地勾勒出现实中“软骨病”患者丑恶的嘴脸。

后面的“不仅……更”是表示递进关系的关联词，常用的递进关联词有：不但……还、除了……还、尤其……甚至、不但……而且、何况、而且、况且，等等。在实际运用过程中，我们有时为了加强语气、突出效果，往往在递进词的选择上更加自由一些，比如，“不仅……更”“不仅……还”等变通，递进的语气更重，起到了强调的作用。

最后，以领导人要求结尾，既拔高了文章层次，又为治疗“软骨病”提供了依据，在整个段落里起承上启下的作用。

二、病因分析

为什么有的共产党人会得“软骨病”？直观地讲是精神上“缺钙”。那为什么会缺钙？说白了就是，现在吃得饱了，穿得暖了，生活好了；但，教育少了，学习少了，监督少了；这就导致，心长草了，脑也懒了，人摆谱了；最后造成，理想没了，信念灭了，灵魂脏了，人就病了。

【评析】

这段内容的“病因分析”非常简洁，非常符合医生的职业特征。在内容设计上采用了一问一答的独特手法，就好像是病人与医生间的面对面对话。

这样的场景式对话写作，符合医生和患者的人物特性，对话内容也通俗易懂，分析问题更是入木三分，整段内容虽然字数不多，但勾勒出的画面感却非常强，很有说服力和代入感。

三、我的处方建议

新形势下，如何做好党员干部的理想信念教育，预防和治疗“软骨病”，我建议采取中西医结合的办法。

【评析】

这段导语简短直接，开旨明意，行文流畅，用词简洁，以问题抓眼球，以建议承上启下，这样的开题一般效果都很好。

（一）西医疗法——服钙片，缺钙就补钙，这是最直接的办法。钙片主要成分是什么？“名利”二字。如何“服用”？每日“三省”：是否正确理解名利？是否正确认识名利？是否正确追求名利？

【评析】

作者善于联想，将生活中就医看病的细节与思想政治教育紧密联系起来，极其生动形象，令人印象深刻。按西医疗法开出主要成分为“名利”的钙片，这看似随意的联想，实质点明了下文的主题。这启示我们，理论文章也能写得生动活泼，只要把生活经验与理论观点恰当融合，就能把原本呆板枯燥的大道理，讲得贴近生活，具有人情味，效果也就更能深入人心。

“名利”内涵有褒有贬。对名利的不同认识和选择，是衡量一个人理想信念先进与落后的重要尺度。名利观，实质上是人生观价值观世界观的综合反映。

【评析】

通过对名利内涵的剖析，传递出的不仅是辩证分析事物的方法论，更是在制造观点碰撞的矛盾点，引导读者对名利内涵的发散性思考。

一次讲座上，讲课人谈到共产党人要淡泊名利时，举例说古代一国王看重一屠夫有才，想请其入朝为官，屠夫不干，当了隐士。我不认为这是淡泊名利。“淡泊名利”应有两层含义：一种是性情豁达、闲适的生活态度，一种是逃避现实生活的消极情绪。对于共产党人，要有积极的生活态度。组织上要你干的事，你不干；组织上不让你干的事，你干了，这都不是淡泊名利，而是自私自利。那么自私自利是否有理？司马迁有言：天下熙熙皆为利来，天下攘攘皆为利往。共产党人概莫能外。名利即为价值，人会关注自身价值，也会关注组织共创价值，当共创价值能够提升自身价值时，人就会更加关注共创价值。从组织角度，在引导个体关注共创价值的同时，也要注重发展个体自身价值；从个体角度，要把自身价值融入共创价值。在当前社会主义初级阶段，共产党人要把更多的关注放在共创价值上，到了将来更高阶段，组织要把更多关注放在个体自身价值上。共产党人的名利，在现阶段就是党的“名”和人民的“利”。

【评析】

这段论述既有事例，又有名人名言，虽然段落较长，但具有趣味性和很强的说服力。内容设计更是环环相扣，由外到内，由浅入深，“剥洋葱”式地一层层剥开伪装，跟随作者节奏，逐渐接触到真相。谈论价值时，作者从多角度多层面入手，既考虑大局，又兼顾个体，最后实现大局与个体的兼容，整个论述过程引人入胜，观点出奇，令人佩服。

钙片是药，是药三分毒。名利是药，理解对了有效，理解错了有毒；追求对了救人，追求错了害人。

【评析】

这段话是对上文观点的总结概括，起到了一招制敌的效果和画龙点睛的作用。这里用了“理解”和“追求”两个动词，分别代表了不同层面的意思——理解是意识层面的事，追求是行为实践方面的事，如何选择，决定了治疗“软骨病”的效果。

（二）中医疗法——按照中医理念，要从个体空间和组织空间角度看待“软骨病”，即，把个体党员放在整个党组织、社会组织以及历史系统中进行综合调理。

【评析】

“软骨病”是骨子上的病，西医理其表，还需要中医综合调理，就是要“把个体党员放在整个党组织、社会组织以及历史系统中进行综合调理”。如何综合调理？这样一个疑问，将内容顺畅地过渡到了下文。

一是针灸。点中穴位，找到症结，打通对理想信念正确认识的通道。人体的经络是相通的，但会因一个点的堵塞而整体不畅。每名党员对马克思主义的信仰，对社会主义和共产主义信念的认识程度和角度不同。对于党组织这条经脉，每名党员是穴位；对于每名党员，对每个问题的不同认识也是个体这条经脉中的一个穴位，这就需要党组织摸清每名党员干部的不同情况进行运针、进针，打通个体和组织的思想脉络。

二是煎服药剂。理论教育要到位，用正确的方法为党员干部灌输正确的理论。首先要确保药材质量。病症找到了，药材有问题，一样达不到效果。中国特色社会主义理论体系，是党在中国革命、建设、改革的长期实践中不断形成和完善的，是符合时代要求的创新理论。在当代中国，坚持中国特色社会主义理论体系，就是真正坚持马克思主义，这是经得住历史检验的判断，质量可靠。其次要正确煎熬。理论教育不能生硬灌输，必须把相对高深的理论用通俗的语言传达给普通的党员。只有听得懂，才能听得进。现在党的一些政治报告或领导讲话往往还需要专题辅导、专家解读，什么时候能让普通党员一听就懂，学习的效果转化也许会更快一些。再次，是要坚持服用。理论教育不能三天打鱼两天晒网。坚持各种学习制度，让理论这服药剂持续作用，才能达到有病治病，无病预防，强筋健骨，养心聚气的功效。

三是推拿。组织关心党员成长，思想工作要跟上。党支部如手掌，党小组是手指。手指触摸神经，手掌抚慰心灵。党小组时刻关注每一名党员的思想变化，遇有情况，支部主动上前捏一捏，揉一揉，能解心结，能化血淤，使党员始终保持筋骨舒展，热血沸腾。

四是刮痧。刮痧有促进代谢、排出毒素的功效。党员干部有了问题，就要及时“刮痧”，排出“毒素”，帮助纠正认识上的偏差、行为上的失误。问题大的还要依党纪、党规追究问责，达到惩前毖后、治病救人的目的。

【评析】

这段内容的四个二级标题“针灸”“煎服”“推拿”“刮痧”是中医的专业术语，与前文的一级标题“中医疗法”连接紧密。内容也频繁引用了“穴位”“经脉”“运针、进针、打通”“强筋健骨，养心聚气”“捏一捏，揉一揉”“化血淤”“促进代谢、排出毒素”等中医术语，一股股浓浓的中药味贯穿于字里行间，沁人心脾，疗效高绝。作者把党员干部“软骨病”与中医疗法紧密结合起来，把大道理融入治疗过程中，容易让人理解和接受，效果比强制灌输要好上百倍。

【方案类】

范文四：《“新家庭计划——家庭发展能力建设”项目试点工作方案》

方案是从目的、要求、方式、方法、进度等方面进行具体、周密的部署，并且是有很强的可操作性的计划。方案可以说是机关最为常见的公文形式之一，它一般出现于各类大项活动或任务之前，是一级组织精心调查研究、科学设计、周密部署的成果，通常代表了一级组织的集体意志，具有很强的民主性、政治性、政策性和权威性。

从方案的根本职能上来看，它的核心功能是指导工作实践，实现方案预期目标或目的。这一属性决定了方案必须具有非常强的原则性、指导性、操作性、规范性。方案的“四性”特征，基本决定了方案的基本模型和框架。笔者经过归纳和总结，将常用的方案类公文模板大致分为五个部分：标题、导语、主体、实施步骤和结尾。

常见的方案的标题为一个主标题，常见格式为“单位＋活动主题（名称）＋方案（公文类型）”，比如，《人事司深入开展党的群众路线教育实践活动方案》。有些方案的标题分主副两个标题，主标题通常包含方案关键词，重点是对方案的目的、任务、形势、主题进行提示；副标题则简单直接得多，通常都是对方案内容平铺直叙，主副标题类方案，在 PPT 汇报中经常见到。副标题常见格式为“单位＋活动主题（名称）＋方案（公文类型）”，比如，《准确定位产品，提升差异化营销效益——关于打造特色餐饮文化的实施方案》。

为深入贯彻落实党的十八大和十八届五中全会精神，提高家庭发展能力，增进人民群众福祉，我委决定在全国启动实施“新家庭计划——家庭发展能力建设”项目试点工作。具体工作方案如下：

【评析】

方案的导语与普通公文有所不同，最根本的区别在于方案的导语的导向性、目的性、法规性非常强，因此，方案的导语重点突出根本依据、问题导向、任务目标等特性。常见写作模板为：

目的前置型：任务目的（目标）+具体任务。比如：为实现（认真贯彻）……目标（精神），提升……，增强……，结合……，制定方案如下。

目的后置型：矛盾问题+任务目的（目标）。为深入（彻底）解决……等矛盾问题，依据（根据）……等法规制度（指示精神），切实提升……，实现……目的（目标、标准），制定方案如下。

范文四的导语就属于“任务目的（目标）+具体任务”的目的前置型导语。“为深入贯彻落实党的十八大和十八届五中全会精神，提高家庭发展能力，增进人民群众福祉”，“为……，增进……”，是一种特征非常明显的目的型导语结构。“我委决定在全国启动实施‘新家庭计划——家庭发展能力建设’项目试点工作”，其中的“新家庭计划”便是方案的具体任务。有目的、有任务，导语部分就算完整了，整体简洁明了，不拖泥带水，入题很快，符合“凤头”特征。

一、项目目标

（一）家庭成员保健意识明显增强，自我保健能力明显改善，健康素养明显提升。

（二）有婴幼儿家庭的科学育儿知识普及率明显提高。

（三）有老年人的家庭在老年健康管理、健康促进和日常保健、照护等方面的能力明显提高。

（四）尊老爱幼、男女平等等家庭美德得到弘扬，家庭关系更加和谐，社区环境得到优化。

主体是方案的核心部分，重点体现方案的意义原则、法规依据、重难问题、方法步骤、时间阶段、具体要求等内容。对方案的主体部分的总体要求是：调研充分，内容合理，导向鲜明，操作性强。具体而言，文风简明朴实、庄重严肃，框架层次清晰、逻辑严明，内容重点突出、设置科学，措施翔实具体、定责定人。主要内容有以下几个方面：

1. 重大意义

这个部分不是主体内容的核心要素，可以存在，也可以省略，具体情况视形势而定。方案中嵌入重大意义，主要是分析当前局势和任务形势，帮助方案执行者认清任务的重要性与必要性，引起思想上的重视，促进方案落实。比如，同批获奖方案《关于人民监督员选任管理方式改革试点工作的意见》，它的第一部分便是以阐述试点工作的重大意义作为方案的开头。

2. 基本原则

通常是指方案遵循的指导思想、制度规定、实施路径等，确保方案符合上级指示、政策规定、发展规律，就好比火车的“轨道”，对方案起到指导性、方向性、规范性、引领性作用。比如，同批获奖方案中《〈国家中长期科学和技术发展规划纲要（2006—2020年）〉实施情况中期评估工作方案》，它的第二部分便是“原则”内容，重点从“客观公正、需求导向、全球视野、广泛参与”四个层面进行细化与明确，该部分对方案如何落实《纲要》起到了定向定位的效果。

3. 任务目标

任务目标就是方案措施的“落脚点”，也是制订方案的根本目的。方案目标是对集体意志、会议决议、文件指示中形成的总目标进行具体与细化。撰写任务目标的具体要求有三个方面：一方面务必要有原则性，不能偏离总目标，更不能肆意而为，一定要符合决策决定；第二方面务必务实可行，不“放空炮”，不“踩浮桥”，目标一定要定得实实在在，都是可以实现的；最后一方面务必具体明晰，有条理有逻辑，清晰具体。

范例四的“项目目标”，虽然只有简单四条，但条条务实可行，且由浅入深、从小到大、由易到难，让人一看就懂。

4. 工作内容

这个部分是整个方案的核心枢纽。工作内容部分主要是明确工作方式、工作程序、工作重难点、辅助与配套项目等等。这些要素不一定要全部呈现，视具体情况而定即可。通常情况下，只需呈现其中几项内容，如果一一赘述，反倒显得拖沓。完整呈现要素，通常适用于专业性强的方案中，或者需要向非专业或领域（行业）之外的受众展示时运用。

具体哪些情况需要全要素展现呢？比如，某公司制订的《关于高原高寒条件下重型机械维修方案》，由于机关非业务部门不了解专业知识和修理工艺流程，却又需要上级机关协调解决经费，在这种情况下，为了保证非专业人员能够一眼看懂，就需要全要素呈现任务内容，这样的方案更容易通过审核。

当然，有的方案将工作内容分成多个部分，将其中的一些项目独立出来，目的是突显该部分内容的重要性，但这些项目仍然归类于工作内容，不受任何影响。

不需要全要素展现的情况有哪些呢？比如《“新家庭计划——家庭发展能力建设”项目试点工作方案》，它呈现的工作内容只包含其中的部分要素，内容同样丰满，符合方案要求。

二、项目内容

（一）开展两级培训。

1. **组织国家级专家团队**，设计项目方案，编制培训教材、项目实施指导手册、项目管理和督导评估方案等。

2. **各省（区、市）结合各自实际**，制订工作方案，每个省（区、市）选出1个城市社区和1个农村社区作为国家级试点。新疆生产建设兵团，解放军、武警部队计划生育领导小组，中直机关、中央国家机关人口计生委各选2个单位作为国家级试点。

3．**每个项目试点选派10名工作人员**（包括省、地市、县分管和项目实施人员）参加国家级培训（培训计划及通知将另行印发）。

4．**各试点单位根据项目办印发的培训教材和项目实施指导手册**，组织试点社区的家庭开展有针对性的培训。

（二）组织配套活动。

各项目点围绕培训内容和项目方案安排，组织开展系列宣传、培训和服务活动，为社区及家庭配备相关实物宣传品。各地可因地制宜，开展符合本地家庭实际需求的相关活动。

1．**家庭保健活动**：（1）针对家庭健康责任人和主要家庭成员开展合理饮食和三种主要的慢性非传染性疾病（高血压、糖尿病、血脂异常）预防的健康教育。（2）针对青少年开展性和生殖健康的健康教育和健康咨询。（3）针对家庭健康责任人和家庭成员开展个人卫生习惯（如刷牙、洗澡和不随地吐痰等）的健康教育。（4）开展心肺复苏专题讲座及培训，现场发放材料，提高家庭成员人工呼吸和心脏按压的急救技能。（5）开展灾害逃生等相关技能的培训与演习，如烟雾逃生、火灾逃生、地震逃生等，增强家庭成员应急逃生能力，掌握正确的逃生技巧。

2．**科学育儿活动**：（1）开展母乳喂养和辅食添加专题讲座，现场发放相关资料，提高母亲对母乳喂养和辅食添加重要性的认知率。（2）通过专家讲座和资料发放，增强婴幼儿看护人对婴幼儿常见病的识别能力，提高对一般性预防和护理方法的知晓率。（3）组织婴幼儿亲子阅读活动和参与活动，提高婴幼儿看护人对亲子阅读重要性的认知率。

3．**养老照护活动**：（1）开展老年人生活方式及日常保健主题活动，提高对威胁老年人身心健康事项的知晓率。（2）开展老年人抑郁症初筛检查，使用抑郁自评量表或他评量表进行测量。（3）开展老年人运动与康复咨询活动，使老年人或照护人员能够判断是否运动适宜，指导老年人选择适宜的运动方式。

4．家庭文化活动：（1）针对社区居民开展有关家庭教育、夫妻关系、代际关系及子女关系等内容的系列讲座。（2）通过入户咨询和定期举行咨询会等形式，针对家庭关系中的常见问题开展主题咨询。（3）在社区开展家庭礼仪课堂活动，举办家庭礼仪知识竞赛等。

步骤部分最考验作者的综合素质，是对作者的大局观、全局观，战略眼光、战术技巧，统筹能力、逻辑能力、预测能力、抗风险能力的一种挑战。如何才能设计一套简洁清爽、节奏合理、环节科学、思路清晰、逻辑严密的实施步骤呢？

一是要懂行。懂行是制作方案的前提。一方面要认真学习方案相关的专业常识，不当“门外汉”；另一方面要收集与方案相关的前沿资料素材，掌握最新行业动态；再一方面要虚心请教，不“闭门造车”，不“敝帚自珍”。

二是要调研。科学设计调研内容，深入一线摸实情，掌握工作中亟须解决的问题和矛盾，为制订合理的方案步骤提供素材。

三是要借力。召开行业骨干“诸葛亮会议”，认真听取意见建议，重点解决步骤中实用性、针对性、操作性不强等问题。初步方案确定后，还需请行业专家论证，进一步完善和改进实施步骤的可行性。

三、日程安排

（一）启动试点阶段（2014 年 5 月至 2014 年 12 月）。

组建专家团队，编写培训教材。在全国设立国家级项目试点，开展两级培训活动，在项目试点社区为家庭提供培训和服务活动。

（二）深入推进阶段（2015 年 1 月至 2016 年 12 月）。

对国家级项目试点社区进行活动督导。各项目点围绕项目目标，开展深入培训及主题服务活动。开展中期评估，总结经验，深入推进项目开展。

（三）全面深化阶段（2017 年 1 月至 2019 年 12 月）。

推广经验，扩大宣传，各地结合实际逐步扩大项目试点范围，拓展培训和服务内容，在全国广泛开展项目活动。

（四）总结评估阶段（2020 年 1 月至 2020 年 10 月）。

进行全面评估总结。

【评析】

日程安排，只不过是实施步骤的另一种说法而已。实施步骤中通常包含阶段划分和时间节点，阶段之间既遵循时间逻辑，又呈现递进关系，在时间主线的贯穿与牵引下，步骤实施起来就显得非常简单和清晰。范文四中的四个阶段，一个环节紧扣一个环节，显得紧凑科学，显然是充分调研后的结果。从内容上看，语句简洁直白，做法简明扼要，既不拖泥带水，又有指导性、操作性和可行性，让人一看就懂。

四、有关要求

（一）加强组织领导。

各地要把试点工作列入重要议事日程，成立专门机构，对照项目方案，明确任务分工，制定具体措施，认真抓好落实。项目执行办公室设在中国人口福利基金会，负责定期组织专家对项目点进行检查、督导和评估。

（二）加大经费投入。

我委将提供国家级培训费用及项目点的部分活动经费。各地要加大财政投入力度，及时报送项目实施情况及经费使用情况，保证项目试点工作顺利实施。

（三）做好试点选取。

各地要严格按照项目方案要求，以工作基础好、积极性高为原则，同时兼顾经济社会发展水平，因地制宜，精心挑选试点。

【评析】

有人对方案的结尾部分存在错误认识，认为正文已结束，最后提要求不过是完善方案要素而已，领导通常也不关注，象征性地提几条原则性要求即可。其实，方案结尾意义远比我们认为的重要得多。

一方面，结尾是整个方案的收尾，起到概括归纳全文要点的作用。因此，看方案结尾就可“窥一斑而知全豹”，全方位知晓方案的主旨要义，这便是结尾的功能之一。

另一方面，结尾中提要求是对前面内容的补充和重难点提示，帮助方案实施者充分理解方案意图，明确落实项目之外的细节与要点。通常从管理层面提要求，为方案有序推进、梯次展开、提升质量，明确责任分工，细化落实措施，确保方案落地见效。

再一方面，方案除了提要求这种结尾方式之外，还有另外一种结尾方式——向上级机关请求协助。这种结尾通常以“需（请求）上级机关协调解决的问题”为题独立成段：内容上，尽量逐条罗列本级难以解决的困难，最好是一句话一个困难，不搞长篇大论，不要担心领导看不懂，也不要害怕字少而表达不清楚，甚至认为字少了诚意不够；文风上，语句清新朴实、通俗易懂为最上，能用短语就不用长句，能一句清晰完整阐述就绝不多写一句废话；方式上，将困难按上级机关对口部门进行分类，做到分类清晰、一目了然，方便机关统筹部署和认领。

【贺词贺信类】

范文五：《让金杯照亮金盾 让警彩绽放精彩——致运动会总结表彰大会贺信》

这篇范文的标题采用对偶句式，读起来朗朗上口，增强了标题的语感。“让……”的祈使句式，增强了语气强度，让平实的标题变得生动富有动感。

运动会总结表彰大会全体同志：

金秋的北京，秋高气爽，金菊飘香。我们收获了累累的硕果，感受着金杯的荣光。历时120天的中央国家机关第三届职工运动会于9月20日在北京落下帷幕，公安部直属机关代表团荣获金牌数、奖牌数和团体总分三个第一名，并被授予“全民健身先进单位”荣誉称号，取得了参赛以来的最好成绩，实现了比赛成绩和精神文明双丰收！在此，我代表部党委向我部全体参赛运动员致以热烈的祝贺！向为运动会付出辛勤劳动的全体同志表示衷心的感谢！

【评析】

言语恳切，情感真挚，把获得荣誉一一罗列出来，赢得听众认可，烘托喜庆氛围，入题便把听众情绪推向高潮。“金秋的北京，秋高气爽，金菊飘香”，文章以秋天景象入题，从秋季气候与特征入手，把秋季丰收的特点与运动会硕果累累的成绩联想在一起，由写景顺畅地切入运动会这个主题。

贺词的开头最常见写法是借景叙事，建立连接景与情的“纽带”，架起景与主题之间的“桥梁”。融情融景于主题，就是将要情与景紧密关联起来，笔尖频繁地在景与情之间跳跃转换，让文章由平面变得立体，由呆板变得生动，由平铺直叙变得意境悠远。

常见写作手法有借景抒情、寓情于景、借物喻人等等。比如《在“9•8”首届西安企业家节上的致辞》一文中，文章开头如是写道：“金秋的大西安，这里风景独好！很高兴与大家‘相约9•8’，共同出席首届西安企业家节和西安企业家活动月。”“金秋的大西安”让人由秋天的自然美景联想到企业家欢聚一堂的喜庆氛围，虽然描写的是不同对象，但情景交融，同样令人心潮澎湃、心情愉悦。“这里风景独好”更是一语双关，留给听众无限遐想，令文章更有意境和格调。

金杯照亮金盾，警彩绽放精彩。沉甸甸的金杯，饱含了组织和领导的亲切关怀，凝聚了运动员和教练员的顽强拼搏，见证了各参赛单位的团结协作，承载了机关干部职工的殷切期望。

【评析】

“饱含了”“凝聚了”“见证了”“承载了”，四个排比句构成了排山倒海的气势，令人印象非常深刻，相对于陈述句而言，更能触动听众情绪，引发情感认同。“沉甸甸的金杯”，其中的“沉甸甸”富含寓意，一则表示获奖金杯多且质量重；二则金杯蕴藏着组织和领导、运动员和教练、全体人员的共同努力，它的“沉”不在质量，而在情感。

参赛队员特别是获奖同志，个个都是好样的。在岗位上，他们立足本职、无私奉献、锐意进取、开拓创新，做出了无愧于时代的工作业绩；在训练中，他们从不叫苦、从不抱怨、从不掉队，展示了优良的纪律作风；在赛场上，他们不畏强手、顽强拼搏、奋勇争先、超越自我，践行了“更高、更快、更强”

的体育精神，彰显了我部直属机关广大干部职工团结协作、顽强拼搏、昂扬向上、奋勇争先的精神风貌。

【评析】

一篇好的贺词应当具备“真、实、美、气”等特性。一是有真情，内容应当融入真情实感，刻画真人真事，不讲官话套话，令人反感；二是有实事，赞扬典型，歌颂成就，要有根有据、有板有眼，不能空穴来风、空洞无物；三是有美感，贺词重在“贺”，因而更加注重辞藻的精美雅致，常常巧于修饰，工于辞令，令文章工整对仗，文采斐然，带给听众听觉的动感和视觉的美感；四是有士气，贺词的根本目的就是能够鼓舞人、激励人，让听众感同身受，心有触动，对未来充满期望。

撰写贺词多用短句，少用长句。因为短句更加短促有力，更易形成气势。比如在范文中：在岗位上，连用了“立足本职、无私奉献、锐意进取、开拓创新”四个四字短语；在训练中，连用了三个“从不”；在赛场上，连用了“不畏强手、顽强拼搏、奋勇争先、超越自我”四个四字短语，以及三个“更”，等等。贺词多用短促词语，确保讲话朗朗上口，抑扬顿挫，非常有节奏有语感，形成排山倒海的气势，更易达到“嘈嘈切切错杂弹，大珠小珠落玉盘”的效果。“做出了”“展示了”“践行了”“彰显了”，构成了气势宏大的排比语句，营造了慷慨激昂、奋勇向前的整体气场，更易触动和感染听众。

这是对优秀警营文化和良好警容风气的大力弘扬，也是公安工作科学发展和公安队伍建设成果的集中展示，更是对部机关创先争优活动的有力推动。事实再次雄辩地证明，公安部机关是一个具有优良传统、传承优良作风的机关，部机关干部队伍是一支人才辈出、正气浩荡、有强大凝聚力和坚强战斗力的队伍！

【评析】

“是……也是……更是”，用一组表示并列、递进关系的关联词，强调“沉甸甸的金杯”之于公安系统建设的重大现实意义，肯定“在岗位上、在训练中、在赛场上”的艰辛努力与卓越成就。“事实再次雄辩地证明”，由个体上升到集体、由局部上升到全局层面，是对文章层次的升华，将听众的集体意识和荣誉情绪推向高潮。

运动会是一个圆满的结束，更是一个全新的起点。

【评析】

这是一个过渡段，起到承上启下的作用。

运动会启示我们，生命在于运动，运动促进健康，健康推动工作。要把运动会组队参赛的成功经验总结好、积累好，继续发扬成绩，进一步推动部直属机关文化体育活动和职工健身行动走上群众化、制度化、规范化的轨道，努力形成党组织领导、行政支持、工会运作、各方面配合、广大干警参与的工作机制，切实使职工健身运动形成规模、形成制度、形成常态。

运动会激励我们，勇创先进、争当优秀是我们永恒的主题和永远的追求。要把干部职工的奋斗热情和创先争优的价值追求引导好、激发好，掀起党群共建、创先争优的热潮，推动人人学习先进、人人争当先进、人人赶超先进的良好风尚，努力让一切创造活力竞相迸发，让一切创造源泉充分涌流，激励广大干部职工争做岗位能手、争当学习标兵、争创一流业绩。

运动会昭告我们，成绩来之不易，荣誉高于一切。要把运动会展示的部机关良好形象和社会声誉保持好、弘扬好，以更加坚决的态度、更加有效的措施、更加扎实的工作，加强廉政建设，努力把部机关建设成政治坚定、开拓创新、团结协调、廉政勤政、文明和谐的机关，把机关干部队伍建设成为民、务实、创新、高效、廉洁的干部队伍，做中国特色社会主义的建设者和捍卫者，为实现中华民族伟大复兴做出新的更大的贡献！

【评析】

贺词有别于其他文稿，根本区别在于关键字“贺”。因此，贺词常见的结尾方式有四种：展望式结尾，希望式结尾，激励式结尾，启发式结尾。

展望式结尾，要保持向前看的意识，不要把目光停留在过往成绩上，要面向明天，憧憬未来，树立新航标，擘画新愿景。

希望式结尾，要分析新形势，提出新要求，树立新目标，面对新挑战，要勇往直前，再创新高。

激励式结尾，用坚定、激昂和充满正能量的词句，统一认知，凝聚共识，点燃热情，树立信心，激发潜力，朝向新的目标再接再厉。

启发式结尾，深入挖掘成绩背后的有益经验，揭示成功背后的真实原因，结合当前形势任务，提出创新性、启发性意见和建议。

有的贺词结尾只取上面四种方式的其中一种，有的贺词结尾则取其众。因此贺词的结尾依据内容可分两种形式：一种是撮要式展望，另一种是拓展式展望。

1. 撮要式展望

撮要，顾名思义，就是摘取要点。撮要式展望，就是不长篇大论，不拓展阐述，只需目标明确、蓝图清晰，能够启迪人、鼓舞人就可以了，通常使用四种结尾中的一种。常见模板为“形势分析 + 设定目标 + 四种结尾方式之一”。以中山大学《2020 年新年贺词》为例：

2020 年是“十三五”规划收官之年，也是“十四五”规划战略布局之年。学校处于全面建设中国特色世界一流大学的发展新时期，正在努力实现从优秀走向卓越、从前列走向引领的根本性转变。这是时代赋予我们的光荣使命和神圣职责，让我们不忘初心、牢记使命，众志成城、笃定前行，为新时代伟大蓝图而努力奋斗，共同迎接中山大学更加美好的明天！我们的目标必将会实现，我们的目标一定能实现！

“学校处于全面建设中国特色世界一流大学的发展新时期”之前的部分，是对当前形势的宏观分析，与“形势分析”一一对应；“实现从优秀走向卓越、从前列走向引领的根本性转变”，与“设定目标”一一对应；后面部分主要起到擘画未来、凝聚人心、鼓舞斗志、激励信心的作用，与“展望式结尾”一一对应。这篇新贺词结尾用寥寥几句，便交代清楚了奋斗目标，涵盖了要点，虽言已尽而意未绝，内涵丰富，催人奋进。

2. 拓展式结尾

以四种方式中的两种或多种方式结尾，通常以并列关系分别进行阐述。比如《让金杯照亮金盾 让警彩绽放精彩》一文的结尾，就同时采用了三种结尾方式，“启示我们”“激励我们”“昭告我们”，三个部分与“启发式结尾”“激励式结尾”“希望式结尾”一一对应，都独立成段，都有自己的中心主旨，互不干扰，相互联系，以并列方式并存，将贺词的展望部分填充得更加丰满，携手打造出目标清晰、要求具体、催人奋进的结尾。

【新闻消息类】

范文六：《从受触动到行动 知识改变命运：629 户人的藏乡走出 359 名大学生》

本篇范文的标题简洁鲜明，一目了然。特别“629”和“359”两个数据，通过对比极易引发读者思考与好奇。57.07% 的升学率，即便放在教育资源发达的内地，也是一个非常不错的成绩，这样的数据出现在偏僻贫瘠的藏乡地区，怎能不引人关注？

本报讯 “这两年，别人想在我们村寨娶走个媳妇都难。”3 月 25 日，记者在阿坝州若尔盖县求吉乡采访时，嗬哇村村委会主任仁卓的一句感慨引起了记者的注意。为何难？原来，村里年轻人不少都出门上大学去了。全乡共 629 户人，近 7 年间已有 235 人从大学毕业，还有 124 名大学生在读。

【评析】

这篇范文直接用引语作为开头，带给读者非常真实的感觉，就好像是面对面对话。“村寨”“媳妇”等充满乡土气息的词语，化作一股纯朴民风沁人心田。“别人想在我们村寨娶走个媳妇都难”，这句引语一开头便开始“卖关子”，以打破传统认知的观点巧设疑问，设计得很有“心机”。可以感觉到，这句话很容易在读者内心引起波澜，难免会发出“为何难以娶走偏远藏区姑娘”的疑问，吸引读者一探究竟。段落后半部分为这个疑问给出了答案，却用一组组数据再次设置疑问：如此高的入学率，一个偏僻村寨是如何做到的？

求吉乡地处若尔盖县和甘肃省迭部县交界处，只有7个村、21个自然寨，却是全县走出大学生最多的乡镇。乡党委书记张建荣说，乡里不少学生考进了中央民族大学、四川大学等知名大学，还出了全县第一个留学生。

【评析】

交代背景，用偏僻落后的地理位置，为“走出大学生最多的乡镇”做铺垫。“7个村、21个自然寨”，人最少，大学生却最多，并且不少学生还考进知名大学，出了留学生。如此卓越的成绩，怎会出现在一个偏僻乡镇？究竟是什么力量造就了这一切？这些数据表面是在为引出后面观点做铺垫，其实是对359名大学生并非“不入流大学的学生”“滥竽充数”的辩论，目的是打破深藏读者内心对偏僻村寨落后教育资源的偏见与看法。

个偏远的藏区乡，为啥能培养出这么多大学生？

【评析】

使用疑问句作为段落过渡，问出了一直憋在读者内心的心里话。作者之所以将这句话独立成段，是因为这里面浇铸了文章主旨与灵魂，全文都在围绕这个主题展开，其重要作用与地位显而易见。

张建荣介绍，20世纪末，求吉乡村民组建了潘州物流车队，走南闯北跑运输。眼界打开后，不少村民才发现，由于自己文化程度低，做事受限，于是空前地重视起子女教育问题来。

【评析】

这段话阐述了村民为何重视子女教育的原因。“文化程度低，做事受限”，是上一辈村民“吃亏”得出来的惨痛教训，其中的辛酸掺杂着对美好生活的向往，他们把这种希望寄托在子女的教育上，这一主导思想符合标题“从受触动到行动”“知识改变命运”这个主旨，前后遥相呼应，一脉相承，让文章结构更加紧凑，更具可读性。

下黄寨村村民尼美多吉开货车已有20年，“我小学二年级都没读完，好多路牌认不清，找路很不方便”。同村的巴千学不认识几个字，跑运输时要记录饭店电话，就在电话本上画个碗和筷子，再记上数字。尼美多吉一家省吃俭用，支持独生女儿罗措考入了阿坝师范学院。巴千学的儿子多吉扎西已大学毕业，正在自己创业搞现代农业。

【评析】

用具体事例说明藏乡村寨贫穷的根本原因，更加突显“知识改变命运”对藏乡村民的重要性与紧迫性。“路牌认不清”，“‘画个碗和筷子’来代表饭店”，这些对细节的细腻真实描写，将村民对知识的渴望之情刻画得生动形象，令人印象十分深刻。最后以两家子女考入大学结尾，在前半部分交代的背景与前提铺垫下，这样的结果显得顺理成章、理所当然。

近年来，对国家和省里的“两免一补”“9+3”免费职业教育等政策，求吉乡党委、政府大力宣传，让家家知晓。每年6月1日，乡上召开群众大会，以藏族的最高礼仪，给尊师重教的好家长和爱岗敬业的好老师献上哈达，给品学兼优的好学生发放学习用品。连续多年，求吉乡的入学率、巩固率、升学率均保持在100%。

【评析】

范文六的前面内容讲了村民对“知识改变命运”的渴望与觉醒，提出了问题矛盾。在中央“富民兴藏、长期建藏、凝聚人心”的大背景下，推出“两免一补”“9+3”政策，可谓恰逢其时，雪中送炭。“召开群众大会”“最高礼仪”“献上哈达”“发放学习用品”，一系列措施反映出政府意识到教育滞后、人才匮乏，是藏区发展的现实短板的重要事实，同时也表现出政府重视教育、培养人才的决心，以及积极响应中央治藏方略的自觉行动。

求吉乡并不富裕，村民们千方百计筹措教育费用，有的不惜卖掉家中全部牦牛。

【评析】

这句话对范文六的主题“从受触动到行动”再次进行回应与升华，在强调藏乡村民现实困难与求学不易的情况下，仍然不畏困难，不言放弃，将藏乡村民的纯朴与笃定真实地呈现了出来。“千方百计”“不惜卖掉家中全部牦牛”，这些细节的描写，非常有冲击力与感染力，将村民对“知识改变命运”的执着和对教育的重视依赖准确地呈现给了读者。

去年夏天，上黄寨村召开了一次村民会议，议题是：把重视教育列入村规民约。原来，比起邻近的苟哇村、下黄寨村，上黄寨村的大学生较少。村民们商定，凡是有人考上大学，村上给予1000元奖励，每户村民还要各凑一两百元给他们当学费。

【评析】

“召开了一次村民会议”“列入村规民约”，说明该村将子女入学的家庭问题变成了集体行为，并且已成为村民共识，表明该地区“两免一补”“9+3”

政策深入人心，赢得了群众的广泛拥护。“比起”“商定”，在村寨与村寨之间，营造了深厚的你争我赶的竞争氛围，这也许就是“连续多年，求吉乡的入学率、巩固率、升学率均保持在100%”的真实原因。“1000元奖励”“各凑一两百元”，表现了村民虽然自身不富裕，却仍然自觉地参与“村规”，“凑”出子女学费，这些细节的描写，十分令人感动，同时也引发我们对贫困地区教育发展的思考。

社会各界也伸出援手。由退休干部牵头成立的求吉乡教育助学协会，募集爱心资金70余万元，已对全乡所有在校大学生进行了资助。

【评析】

求吉乡地处偏远，经济发展相对落后，前文中“卖掉全部牦牛”“各凑一两百元”等细节描写，已经反映出当地村民的贫困，然而629户人却需要供养359名大学生，如此高的比例，其中的难度可想而知。“社会各界资助+政府扶持+村民自主凑资”的助学模式，是该乡保证100%入学率的重要组成部分。这里独立成段地介绍“求吉乡教育助学协会”，也算是对高入学率原因的回答。

据初步统计，求吉乡的大学生毕业后，少数去了成都等大城市，约90%的人回到了阿坝州工作，成为教师、医生、公务员、技术员，其中科级干部已近百人，求吉乡成为阿坝州双语干部的一个摇篮。

【评析】

羊有跪乳之恩，鸦有反哺之义。求吉乡的教育是成功的，“90%的人回到了阿坝州工作”，是对该乡教育工作的肯定。求吉乡如何做到了90%的返乡率？其中有哪些做法值得学习借鉴？相信这背后的原因更加值得思考和探索。这也是此文为何迅速被人民网、中国西藏网、新浪网等众多媒体转载，不少地方组队到求吉乡取经的真正价值所在。

29岁的更巴措是苟哇村人，她从绵阳师范学院毕业后主动回乡当了一名小学语文老师，“希望帮助更多孩子走出藏寨”。

【评析】

最后这段内容引用更巴措的话作为文章结尾，起到了升华主题的效果，同时也留给我们更多的思考空间。

【新闻评论类】

范文七：《民生实事莫沉迷于“数字突破”》

标题好比文章的“眼睛”，既是呈现文章内涵的“窗口”，又是连通文章与读者心灵的“桥梁”，其重要性不言而喻。范文七的标题虽然完美地呈现了文章的主旨要义，却有些平淡老套，如果放在10年前，这也许是一个好标题，但在自媒体如此发达的当下，其创新性与吸引力明显不足，主要体现在两个方面。

一是构思不太讨巧，一个好标题应当设计巧妙，警策醒目，引人入胜，富有启发性、猎奇性和传播性。如果将标题修改为《一组数字将“惠民”变成了“亏民”》，相较于原标题而言，其优势表现在两个方面：一方面是通过设置悬念，引发读者思考；另一方面是“惠”与“亏”同时押韵母“ui”，阅读起来既有“美感”又有“口感”，效果自然要好得多。

二是写作手法趋于平淡，原标题采用的是平铺直叙手法，词语选择也较为朴实平凡，没有使用任何修饰手法，因而缺乏触发情绪、悬念、遐想的“机关”。如果将标题修改为《“数字突破”说到底是“思想堡垒”的突破》《“数字”妆容美化不了群众的生活》《数字“失真”，丑化的是形象，失去的是民心》，将修饰手法引入其间，相信更能吸引读者目光。

推进家庭医生签约服务，是一件惠民实事。

【评析】

这一开头给出结论，也抛出了文章的中心思想。整个段落简洁明了，入题迅速，符合评论“短、平、快”的特点。评论材料的开头常见模式有两种：一种是直接亮明结论（或定义），通常也就是文章的中心；另一种是“事件 + 结论（或定义）”。

第一种模式，类似于本文“推进家庭医生签约服务，是一件惠民实事”的开头，不遮不掩，直接亮出观点，给人扑面而来之感。

第二种模式，则是以故事、问题、现象、领导讲话（或名人名言）、事件背景作为开头引语，在段落结尾处常以简洁精练的语言，得出令人耳目一新的结论（或定义）。比如，2020 年 3 月 6 日，《人民日报》的评论版有一篇标题为《“两手”都要硬 “两战”都要赢》的文章开头：

习近平总书记关于统筹推进疫情防控和经济社会发展的重要讲话，为我们抗击疫情、战胜疫情，决胜全面小康、决战脱贫攻坚提供了行动指南。我们要坚决贯彻以习近平同志为核心的党中央的决策部署，坚持统筹“两手”，一手抓疫情防控，一手抓经济社会发展，确保“两手”都要硬、“两战”都要赢。

这段话是以“习近平总书记关于统筹推进疫情防控和经济社会发展的重要讲话”作为引导语，在结尾处以“‘两手’都要硬、‘两战’都要赢”来总结观点，点明中心。这种“事件 + 结论”的模式是一种非常常见的评论材料写作模式。

去年 6 月，国务院医改办、国家卫生计生委等 6 部门就此联合制定指导意见，提出了具体要求。随后，全国各地闻令而行，努力推进，这项工作已经取得不少成效，很多地方取得“突破性”进展。

【评析】

“闻令而行”“努力推进”“‘突破性’进展”，表明政令畅通，上下一心，惠民政策得以快速实施，整体形势比较乐观。

不过，在肯定成绩的同时，听听公众的切身感受，看看媒体的深入调查，我们也要警醒——有些“突破”恐怕只是“数字突破”。如果数字失准、失真，一些关于民生实事的“数字突破”即使看起来再美，也难以给群众带来实实在在的获得感。

【评析】

“不过”，从段落上构成了转折。阐述“家庭医生签约服务”政策的负面社会反应，与前面内容的正面社会反应构成鲜明对比与反差，目的是引起各级的重视、反思与关注。“如果”二字，虽然是假设的修饰手法，却是作者内心实实在在的结论——“数字突破”即使看起来再美，也难以给群众带来实实在在的获得感。这一结论是对前面部分的总结和收尾，如果按照“是什么、为什么、怎么办”的构思思路，前面部分就是处于“是什么”阶段，后面则将进入“为什么”阶段。

这个问题，很有普遍性。近年来，从就业率到人均年收入，从房价指数到空气质量优良天数……不少地方政府公布的民生数字，与老百姓的切身感受有着较大落差。因此，有人开玩笑自己“被就业”，也有人感慨自己“收入拉了大家后腿”。

【评析】

“这个问题”指的就是“数字失准、失真”问题，是对前一自然段中心思想的继承，也是对问题引发负面影响的进一步阐述，目的是为突出问题的危害性，引起各级高度重视。“被就业”“感慨”表明群众对“数字突破”现象的无奈，同时表达出对当前政府工作作风的失望。

诚然，数据统计的天然缺陷，比如统计方法、统计口径的问题，平均数掩盖大多数、抽象数字难以反映具体诉求的问题，使“数字突破”难免有“误差”。但公众对民生实事上的“数字突破”缺少认同，绝不是“误差”造成的。

【评析】

按照“是什么、为什么、怎么办”的发展逻辑，本段正式进入“为什么”阶段，主要阐述造成“数字突破”的客观原因，对前面问题现象进行回答。“但”，是一个常用转折词，是由客观原因向主观原因发展的转折点，表明后面段落即将进入深层次原因的挖掘与分析。“绝不是”，意在表达民众的眼睛是雪亮的，一切欲盖弥彰的行为都是徒劳，实事求是才是改变作风应有的态度。

对客观因素导致的“误差”，公众可以接受。公众反感和忧虑的，是人为制造的“数字突破”，以及对“数字突破”的自娱自乐。

【评析】

辩证分析问题原因，由客观因素分析转向主观因素分析。本段是一个过渡段，阐述主观因素的重要性，也是为后面主观分析做铺垫。

失真失准、缺少认同的“数字突破”，是“造”出来的，也是“逼”出来的。造，因为数字就是成绩，就是亮点。“人有多大胆地有多大产”，注了水的数字更加光鲜，更加引人关注。逼，因为数字就是指标，就是考核。一些部门习惯于“年初简单压指标、年末向下要数字”，在乎的是数字的“大与小”，而不是“真与假”。

【评析】

具体分析问题原因。“造”“逼”两个动词的背后，都是人为的操纵，更加突出主观因素在问题中的主导作用。“造”，反映的是个人价值观的失信；

“逼”，反映的是单位领导政绩观的偏移。整段语句精练，论据直击要害，对问题发生的原因分析入木三分，既有强烈的警示效果，又有深刻的启示意义。“人有多大胆地有多大产”，本是批评“大跃进”的句子，这里原句引用，意图就在指明“造”和“逼”是作风问题，是浮夸作风的滋生与萌芽，蕴含其中的指责之意溢于言表，令人警示警醒。

关乎民生实事的每个数字，都应是沉甸甸的。须知，数字是干出来的，不是造出来的，也不是规划出来的。数字会说话。它说出的，不仅是工作成绩，也是工作作风。看“数字突破”，我们既关注它的“量”，也关注它的“质”；既听提供者的“一家之言”，也听参与者的“众家之言”。以现实为基、因实干而成的“数字突破”，尊重规律、经得起检验的“数字突破”，才是更真实可信、真切可感的成绩，才是更有含金量、更造福群众的成绩。尤其是民生领域的一些新探索、新改革，要循序渐进做“加法”，切不可患上“数字焦躁症”，追求所谓“乘数效应”“几何级增长”。

【评析】

自本段开始，范文七进入“怎么办”阶段，后面内容将围绕如何解决问题来展开。提出解决办法之前，本段主要围绕转改作风的重大意义进行阐述分析，既是为“怎么办”做铺垫，也是引起各级高度重视。“沉甸甸”三个字，意在强调民生工作绝无小事，它是一项影响长远和根基的基础性工作，务必彻底解决好、发展好。文章相继使用了“是……不是……也不是”“不仅是……也是”“既……也”等一系列表示并列的关联词，极大增强了句子和段落的语气气势，传递出强大的真理力量，令人信服。“含金量”“加法”“数字焦躁症”“乘数效应”“几何级增长”，引用与数学相关术语，不仅更加贴合文章主题关键词“数字突破”，而且丰富了文章的写作手法，增强了文章的可读性和想象空间，与“数字”的枯燥呆板截然相反，效果好于就事论事和平铺直叙。

做好民生实事，切莫追求掺水的所谓“数字突破”。对此，省领导提出了明确要求。在部署脱贫攻坚任务时，省委书记李强就强调，要防止“两种倾向”：一种是数字脱贫。不能搞“垒大户”“堆盆景”，更不能在数字上“注水”，贫困户“假脱贫”“被脱贫”。一种是超越实际。要从实际出发，不要层层加码，不要搞到力所不及、力不从心。唯有坚持这样的“数字观”“政绩观”，“突破”才能不只停留在统计报表上，各项民生实事才能真正落在地上，办在群众的心上。

【评析】

本段重点在于阐述“怎么办”。段首直接抛出结论，用于统领全段中心。而后引用领导讲话精神为文章观点（结论）定调，确保文章观点方向正确（引用领导讲话有三个方面的好处：一个方面能提升文章站位和层次；另一个方面为观点找“靠山”，让论点更稳；再一个方面，直接引用领导观点，能快速切题）。“唯有”，起到强调主题的作用，突出防止“两种倾向”在“数字突破”中的重要地位与作用，同时也是文章收尾的一种常见写作手法。

新闻评论类的材料怎么写？通过解析这篇新闻一等奖作品，相信大家已经有了初步认识与理解。其实，任何文章的写作都务必遵循逻辑与规律，正如王国维在《人间词话》中讲到的“材料必求之于自然，构造亦必从自然之法则”，只要我们的思路符合自然规律，就能创作一篇有意境的高境界的宏大诗篇。

现在网络上很多爆款文章，在创作过程中，都遵循这样一个万能模板，虽有形式上的一些变化，但万变不离其宗，始终遵循着“是什么、为什么、怎么办”或者“发现问题、分析问题、解决问题”的逻辑，这样的模板同样适合评论类文章。

按“是什么、为什么、怎么办”的逻辑来写，一篇评论文章通常划分为五个部分。第一部分：引语入题——通常以故事、问题、现象、领导讲话（或名人名言）、事件背景等引入。第二部分：给出定义（或中心思想）——用简短的、高度凝练的、具有启发性的一句话，对第一部分内容进行归纳总结，得出全文的中心或主题。第三部分：抛出问题，制造矛盾——这部分通常从两个层面展开，先写负面现象，再写正面现象，正反观点碰撞，制造矛盾冲突，增强文章的可读性。第四部分：分析问题——辩证分析第三部分涉及问题的深层次矛盾，从崭新视角揭露问题本质，得出令人耳目一新的结论。第五部分：解决问题——针对问题给出醍醐灌顶的解决办法。

其中，第一、二、三部分属于“是什么”，第四部分属于“为什么”，第五部分属于“怎么办”。

【新闻通讯类】

范文八：《老郭脱贫记：政府兜了底 致富靠自己》

这篇范文的标题简洁押韵，朗朗上口。“政府兜了底”这五个字高度概括政府在脱贫工作中的主导作用与积极作为；“致富靠自己”与“政府兜了底”构成鲜明对比，与一些懒惰脱贫现象形成反差，更加突出老郭不等不靠、主动脱贫的典型性与先进性。

贫困户吃低保，别人争得面红耳赤，老郭却总想让出去：“脱贫靠劳动，不能躺在‘政策温床’上！”

【评析】

范文八的开头便点明主题“脱贫靠劳动”，很好地统领全文，突出文章中心。本段最引人注目的是一个“却”字，它将前后两种现象构成了鲜明对比，这不是简单的场景转换，而是思想的升华。当“别人争得面红耳赤”时，老郭却与众不同，逆向而行，虽然全句没用问号，却在读者内心设下了为何“老郭总想让出去”的疑问，引导读者带着好奇心一探究竟。

老郭叫郭祖彬，今年56岁，是河南封丘县王村乡小城村农民。年轻时的老郭并不穷，开四轮，拉红砖，日子过得去。没承想，儿子3岁患病，摘除脾脏，手术费花了1万元。老郭把积蓄拿出来，勉强渡过难关。10年后，儿子再次病发，做心脏搭桥手术花了6万多元。这回，老郭借遍“村里一条街”，才凑够医药费。为了还钱，他到天津打工六七年，窟窿没补上，还落下脑梗病。乡邻们忧心地说：“老郭脱贫——猴年马月的事！”

【评析】

交代人物背景，介绍老郭一家因病致贫的艰辛历程，同时蕴含着“以小见大”“一叶知秋”的深层含意，以老郭的个别现象侧面反映农村贫困的真实原因。儿子“3岁摘除脾脏”，13岁“心脏搭桥”，老郭打工患上“脑梗病”。家庭主要劳动力的全部丧失，这对一个农村家庭而言，意味着永久贫穷，正如段落最后乡邻们的担忧那样：“老郭脱贫——猴年马月的事”。这段背景的意义远不止于此，它还起着塑造人物形象的作用，让老郭脱贫的“明星”光环更加生动、高大，更加真实具体，为后面塑造“脱贫靠劳动”的上进农民形象做了很好的铺垫。

封丘是国家级扶贫开发重点县，建档立卡贫困户1.86万户，5.8万人。该县对因病、因残等7种致贫原因分门别类，采取“1+2+N”帮扶模式，即每户1名帮扶责任人，2项以上扶持政策，家庭成员每人1条帮扶措施。拿老郭来说，安排公益岗位，每月挣400元；孙子享受教育补助，每年1000元；儿媳转移就业卖手机，每月工资1500元。全家享受人身意外险、医疗补充险，阻断“因病致贫”。

【评析】

交代事件背景，也是对“政府兜底”做法的具体阐述。政府采取“1+2+N”的帮扶模式，帮助贫困户解决基本生活问题，提供各类便宜实惠保险，阻断了贫困户再次“因病、因残致贫”的风险。政府提供全面优惠政策，从根源上解决老郭的后顾之忧，从家庭的立场来讲，老郭应当满足现状，这才符合一个普通人对美好生活的认知和向往。作者设计这样的事件背景，目的是为后文塑造老郭“致富靠自己”的先进典型铺设道路。

政府“兜了底”，致富靠自己。封丘县实施产业扶贫项目 81 个，户均可享产业扶贫资金 8000 元。村支书郭祖良选定种植中药材，请来中医药大学教授，测土、配方。老郭一听，第一个报名。

【评析】

“政府‘兜了底’，致富靠自己”，既是过渡句，又是转折句。“封丘县实施产业扶贫项目 81 个，户均可享产业扶贫资金 8000 元”交代政府扶贫优惠力度，为贫困户脱贫创造了良好政策环境，也为老郭靠自己脱贫营造了氛围与时机。“老郭一听”，老郭从优惠政策中“听”出了致富机遇，说明老郭具备灵敏嗅觉与超前眼光，“靠自己致富”并非口号和蛮干。“第一个报名”，将老郭迫切希望脱贫的心理准确传递出来，为后文老郭为何能够克服各种困难、顶住各方面压力起到了铺垫作用，让老郭后面的反常决定变得理所当然。

4 月，是种地黄的最佳季节。可这时麦子已长到腿窝，首批报名的 50 户农民看不到效益，谁也舍不得铲麦子。

【评析】

通过摆事实和制造矛盾，真实反映大家的内心变化。大家还未获得利益，却要放弃既得利益，这样的矛盾对贫困户而言，无疑是雪上加霜。“最佳季节”与“麦子已长到腿窝”是一对不可调和的矛盾点。一边已是看得见的收获，一边还是摸不着边的“希望”，这种矛盾实在令人难以取舍。老郭是“谁也舍不得铲麦子”中的一员，理应随波逐流，这样的场景设置，为后文老郭逆向而行做铺垫。

老郭的老伴儿着急了：“万一出不来苗，地黄收不着，麦子也毁了。”

“村支书一心为咱，能把你带到沟里？”老郭坚持己见，并辞去公益岗，专心种药。

【评析】

通过对话描写，坦白交代内心担忧。老伴的抱怨不是个别现象，正是50户贫困户的共同心声，代表的是一个利益群体。老郭在家人抱怨和担忧面前，选择相信组织，相信村支书，果断辞去公益岗，一心一意种药。老郭立说立行，说做就做，压力面前，砥砺前行，这是老郭敢于讲出“致富靠自己”的底气。

第一批10户，种了50亩，老郭种4.5亩。半月后，地黄没出芽。村民议论，老伴数落。老郭一天到地头转几遍，悉心照料。40天，地黄出齐，一地绿色。老郭长出一口气：“心里石头落了地，我瘦了18斤。”

【评析】

矛盾持续升级，“半月后，地黄没出芽。村民谈论，老伴数落”，老郭身上的压力越来越大。出不来苗，麦子也毁了，这对一个本就贫困的家庭而言，无疑是致命的。因此，老郭内心非常焦急，“一天到地头转几遍，悉心照料”“瘦了18斤”，老郭的行动和身体变化，间接地反映他内心承受的焦虑和压力。本段简短70余字，将情节设计得一波三折，跌宕起伏，让读者情绪随着文字的起落而波动，具有极强的感染力。

村支书郭祖良压力更大：“万一种不成，咋有脸见乡亲？”他请专家“把脉”指导，成立种植合作社，与安徽企业达成协议，以优惠价回收药材，让农民吃上定心丸。

【评析】

引用村支书的话，表明政府对待农民的初心与态度，其中村支书是点，政府是面，村支书起到了以点代面、以小见大的作用。村支书积极筹措想办法，消除种植户后顾之忧，“请专家‘把脉’指导”“成立种植合作社，与安徽企业达成协议”，这些表面看好似村支书的个人行为，其实是政府的“兜底”政策，千方百计让大家安心，吃上定心丸。

12 月，地黄叶枯，眼看就到收获的季节。为解销路之忧，村党支部组织贫困户到安徽找市场。见中药材需求旺盛，更多贫困户以土地入股，加入合作社。如今，合作社种 3 种药材，共计 400 多亩，明年将扩至 1000 亩。依托中药材产业，村里将建中药材展馆，开设中医疗养一条街，发展“养生小城”特色游。

挖出一根弯弯的地黄，老郭算了笔账：4.5 亩药材，纯收入 1.8 万元。自己在合作社干工，月工资 1500 元；老伴在合作社除草、浇地，可挣 500 元；儿子开车耕地，也能收入 3600 元。加上养猪，全家年收入 5.6 万多元，家里 6 口人年人均纯收入 9300 多元。

【评析】

全文老郭共算过两次账，第一次作为贫困户身份算账，第二次在结尾处以脱贫者身份算账，前后通过翔实数据的对比，是对老郭通过自己劳动实现致富的证实，也是对第一段“脱贫靠劳动，不能躺在‘政策温床’上”的回应。

新闻结尾方式很多，但常用有以下四种：归纳式、启发式、激励式、点题式。无论以哪种方式结尾，要么发人深省，要么激人奋进，要么画龙点睛，要么总结全文，总的要求是新颖、生动、风趣，读者爱读爱看。范文八的结尾用翔实数据反映老郭真实脱贫的事实，起到了激励人心、催人奋进的效果，无论是对第二批希望脱贫村民，还是对全国贫困村，都有很强的激励性、借鉴性与启发性，更是对“脱贫靠自己”这个主题的回应与点题。

范文九：《马氏“兄弟”跨越 20 年的诚信》

2 月 11 日，农历小年，下午 6 点，河南开封。

【评析】

范文九以具体时间、地点作为开头，就像新闻的消息，按照“五个 W”要素来展开，增强了事件的真实性。

马保东与马奋勇挤坐在一张沙发上，兴奋地规划着今后的合作。

【评析】

“挤坐”“兴奋”，通过一个动词和一个形容词的细节描写，将人物动作、人物关系、人物情绪和现场氛围刻画得生动形象，非常有画面感，很有代入感。

二人都姓马，兄弟相称，但不是亲兄弟。哥哥马奋勇是汉族，新疆哈密人；弟弟马保东是回族，河南开封人。

【评析】

交代人物背景和人物关系。一个新疆人，一个河南人，两人相距几千公里；

一个人是汉族，一个人是回族，两个民族习惯各异。什么都不相干的两个人为何凑在了一起？为何互称兄弟，比亲兄弟还要亲？这些问号是作者刻意在读者内心留下的，同时也是在为突出民族团结这个主题做人物铺垫。

过去的半年里，马保东一再约马奋勇来河南做事，马奋勇也打算在河南建立新疆名优产品展销中心，投资物流和生态农业。马年结束之前，马奋勇如约而至。

【评析】

一个再三邀请，一个心有打算，表明两人关系非同一般。“如约而至”，表明两人是重情守约之人。

这“兄弟”二人是如何走到一起，又经历了些什么？故事还得从20年前说起。

连用两个设问句式，起到强调语气和段落转折的作用，同时也问出读者内心一直的疑问。

1995年，马保东21岁，因做肠衣生意与长他一岁的同行马奋勇在河北省有一面之交。两人相互欣赏对方的实诚，一见如故。

【评析】

交代两人结识的背景。“实诚”，是维系两人关系的重要“纽带”，同时点出了文章的文眼，与标题的题眼“诚信”遥相呼应。“实诚”一词将成为贯穿文章始终的主线，也是我们准确领会范文九内涵的关键词。

在河北分手不久，马保东只身赴新疆，去找当时在哈密市牧工商联合总公司肠衣厂工作的马奋勇。马奋勇在生意和生活上给了马保东无微不至的关怀和帮助。马保东到新疆进货，货款足时就在当地付；不够时，货到河南出手后再付，有时连个欠条都不用打。

只有“一面之交”的两人，生活上却能给予“无微不至的关怀和帮助”，生意上甚至“连个欠条都不用打”，通过对两人交往细节的描写，向外传达出一个信号：相互信任诚信是两人交往的基础，是维系两人友谊的根本“保障”，始终让“诚信”这个关键词，成为文章的主旋律，在字里行间流淌回转，余音回荡久而不绝。

1997年，马保东在新疆进了50多万元的货，资金缺口不小。马奋勇便拿出积蓄，又东拼西凑，借给马保东16万元。

【评析】

通过讲述两人之间发生的往事旧事，进一步说明两人友谊稳如磐石、情比金坚。“拿出积蓄”“东拼西凑”，表明两人之间的互信程度远超朋友关系，虽不是亲人却胜似亲人。马奋勇借给马保东的不只是金钱，更多的是对亲人的坦诚与无私，以及肝胆相照的情与义。

没料想，货到河南，行情大变，肠衣价格狂跌不止，马保东顿时倾家荡产。此后的一年，马保东东挪西借，还了马奋勇近11万元，剩下的5.3万元再也无力偿还了。

【评析】

“没料想”，生活的曲折开始考验两人的“诚信”。场景至此出现转折。马保东“倾家荡产”，依然“东挪西借”向马奋勇还账，说明马保东把“诚信”和“情义”看得比金钱更加重要，这个情节是对马保东做人标准与为人品质的刻画与升华。

在新疆，马奋勇的肠衣生意也陷入了瘫痪，父亲又重病卧床，家中债台高筑。

【评析】

镜头切换，呈现马奋勇遭遇困境，将两兄弟两个场景的矛盾碰撞在一起，进一步升级矛盾，预示着两人关系面临严峻考验，一场因金钱而生的冲突战一触即发。

1998 年，马奋勇曾到马保东在开封市杜良乡扫东村的家，“想看看保东弟能不能再还一点儿”。当看到马保东的窘境，他一个“钱”字未提，便转身踏上西行的列车，随后便到蒙古国寻求生意，一去就是 13 年。

【评析】

“想看看保东弟能不能再还一点儿”，说明马奋勇真的走投无路，但依然希望马保东“能不能再还一点儿”。“一个‘钱’字未提”，进一步刻画了马奋勇的形象。在马保东跌倒之机，马奋勇并非对兄弟的窘境落井下石，而是默默地与兄弟一起承担，用 13 年的时间给予兄弟理解与支持。表明马奋勇是一个重情重义之人，他非常信任和欣赏兄弟的“诚信”。

两“兄弟”自此失联。

【评析】

“自此失联”，失联的是两人的兄弟情义？还是维系友谊的诚信？

2003 年，马保东东山再起。“生意是越做越大，但找不到马哥，还不了欠款，这事儿真成了我的心病！”马保东说。

【评析】

直接引语，还原往事原貌，让故事情节变得更加真实可信。失联多年，生活越过越好，却依然没有忘记欠款恩情，表明马保东是一位重情重义和诚信之人。

他几乎托遍国内所认识的做肠衣生意的朋友，最后，总算知道马哥去了蒙古国，但就是联系不上。

【评析】

这段文字虽然简短，用意却非常巧妙，作者通过讲故事的方式，来刻画人物形象，表现人物品质。马保东不仅是嘴上说欠款成了心病，实际也在这么做。“几乎托遍”体现出马保东在竭尽全力寻找，报恩并非停留在嘴上，而是用行动在践行，这是对马保东做人品质与为人诚信的刻画与升华。

“马奋勇”“5 万元”，成了马保东父子、兄弟那些年时常念叨的词儿。2008 年，马保东的哥哥刚学会上网，便试着在网上寻人。当时他用“哈密马奋勇”搜到了 3 个“马奋勇”，虽然都不是他们要找的“马奋勇”，但也使他们看到希望。马保东的哥哥说：“俺弟兄俩没事就在网上‘敲’‘马奋勇’，一‘敲’就是近 4 年。”

【评析】

“时常念叨”表明常挂于心，报恩的急迫心情跃然纸上。“刚学会上网，便试着在网上寻人”“用‘哈密马奋勇’搜到了 3 个‘马奋勇’”，通过这些具体的细节描写，表明马保东寻人的真诚与艰辛，从而印证马保东确实是一位诚信之人，是值得马奋勇“欣赏”之人。“俺弟兄俩没事就在网上‘敲’‘马奋勇’，一‘敲’就是近 4 年”，直接引用旁人的话，从而证实马保东寻人的真实性。马保东数年如一日地寻人报恩，这种“实诚”性格被刻画得更加深刻。

2011 年底，已是蒙古国中国农牧畜产商会会长的马奋勇，受家乡邀请返乡创业。半年后，他注册成立了喀尔里克畜牧开发有限公司。没多久，作为公司总经理的马奋勇便被保东的哥哥在网上给“敲”了出来。

【评析】

两兄弟生意上的成功，是巧合？还是天意？这两种答案显然不是作者的真实用意，作者真正想向我们传递的信号是：崇尚“诚信”是做人的品质追求，做人“实诚”才是两人事业成功的基石和宝藏。从 1995 年到 2011 年，时间跨度 16 年，一个充满无数变数的时间变量，两人的情义却成了 10 年陈酿，越酿越香，越走越近。

“哥，你还记得我吗？我是保东，欠你 5 万多元的保东啊……你让我找得好苦啊！”电话里的马保东激动得语无伦次。

【评析】

直接引语，画面感非常强，也非常真实可信。引语中连用两个感叹词“啊”，表明马保东内心情绪的不平静，难掩重逢的激动之情。“激动得语无伦次”，将马保东那种“失而复得”的惊喜和“久别重逢”的情绪波动表现得生动准确。

“哥，我终于能还你钱了。我要还本钱！还利息！还要加感情！我要还你 100 万！”马保东一口气说了好几个“还”。

【评析】

连续直接引语，将马保东急于表达内心情感的那种迫切感表现得非常形象。这句引语构思信息量非常之大，一声“哥”，将两人的兄弟情感完全呈现了出来；“我终于能还你钱了”，这句话一方面表明了马保东的生活现状，另一方面表明还钱一直是压在马保东内心深处的“心病”，其中蕴含的复杂情感值得揣摩回味；五个“还”连在一起，构成了强烈的排比气势，将当事人的复杂情绪融合在了文字当中，让字里行间充满了感人泪目的情绪和情感，读来引人入胜，很有代入感。

电话那头的马奋勇也十分激动，连说：“使不得，兄弟，使不得。说真的，失而复得的朋友比失而复得的金钱更珍贵。”

【评析】

依然引用了直接引语，目的是为读者呈现直观真实的画面。“连说”表明马奋勇情绪同样激动，急于倾诉的闸门一打开就停不下来。“失而复得的朋友比失而复得的金钱更珍贵”，这句话与前面“一个‘钱’字未提，便转身踏上西行的列车，随后便到蒙古国寻求生意，一去就是13年”表现出的性格特征是前后一致的，当我们读到这里的时候，便对马奋勇当初为何“一个‘钱’字未提”的行为有了更深入的理解与感动。

马保东告诉马奋勇，是他激励着自己奋斗了这些年，自己现在已是河南东信建设集团公司的董事长，“‘东’是我的名字，‘信’就是诚信”。

【评析】

通过对两人通话细节进行描写，将两位主人公的性格和处世风格真实地呈现在读者面前，带给读者一种立体形象的视觉感。“‘东’是我的名字，‘信’就是诚信”，全文自始至终都在围绕“诚信”展开，从两人对话内容来看也不例外。

“兄弟”通话的当天，马保东就往哈密汇了10万元。他告诉马奋勇，剩余的90万元一分不动地放在那里，等马哥来河南做事时用。

【评析】

“当天就往哈密汇了10万元”，这符合马保东“立说立行”的性格脾气，也体现出马保东真诚守信的处世品行。“剩余的90万元一分不动地放在那里，等马哥来河南做事时用”，为后面故事发展做铺垫，同时也是为了与前面内容相衔接。

小年的开封已有了浓浓的年味。

【评析】

将读者的思绪从往事的回忆中拉回现实。“浓浓的年味”，这种味道是亲人团聚的味道，说明马氏兄弟之间的情义不只是普通朋友间的友谊，而是亲人间的亲情。

饭时已过，马氏“兄弟”谈兴未阑。马保东向马奋勇介绍了东信公司今年向物流和生态农业拓展的打算。

“这真是不谋而合！我们公司的展销中心上半年就要在河南18个市铺货。”马奋勇说。

“哥，开封这一块儿可得交给我呀。咱马氏‘兄弟’的合作可绝不止90万！”马保东说。

“有保东弟这样的朋友，我来河南发展就这样定了！”马奋勇说。

【评析】

直接引用两人对话，实现了场景再现。这场对话是前文里“马保东与马奋勇挤坐在一张沙发上，兴奋地规划着今后的合作”场景的后续，虽然中间插叙了近20年的回忆，但前后两部分自然衔接，让故事圆满结局，同时也引人遐想。